JN212373

CONTENT

授業実践コンピテンシーを育む

教育方法論

COMPETENCY

編著 髙木 啓・熊井将太

山岸知幸・北川剛司・吉田茂孝・樋口裕介

北大路書房

まえがき

　「豊かな人間性」から「使命感」や「教科等に関する専門的知識」，そして「指導力」と日本の教師には実に様々なものが求められてきた。教員に求められる，それらの要素は，コンピテンシーという概念とともに，全体的かつ実践的に機能することが強く求められてきている。

　教員に求められるコンピテンシーとは何か，あるいは教員に求められるコンピテンシーにはどのようなものがあるのか。別惣淳二は教員（大学教員も含む）へのアンケート調査によって，教職に就く学生が卒業までにできるようになることが必要だと思われている内容を 57 項目にまとめている（別惣淳二「小学校教師に何が必要か──可視化の試み」岩田康之・別惣淳二・諏訪英広（編）『小学校教師に何が必要か──コンピテンシーをデータから考える』東京学芸大学出版会，2013年）。そのなかから，我々，執筆した 6 名が専攻する教育方法学に関連するコンピテンシーを抽出し，表現を一部変更し，9 つのコンピテンシーを挙げた。それが本書を構成するそれぞれの章となっている。

　これらのコンピテンシーは，教育方法学においてしばしば扱われているテーマだということは確かであるものの，教育方法学の知識を増やしさえすれば，これらのコンピテンシーが獲得される，というほど，教育という営みは単純ではない。だからといって，これらのコンピテンシーを，教育方法学とは無関係の，天性のものとして捉えてしまってよいとも思えない。教師に求められるコンピテンシーと教育方法学の内容（コンテンツ）の関係はどのようなものか，我々6名が「教員養成における授業実践コンピテンシーと教育学コンテンツの結合」という研究課題で探究してきた結果が本書である。

　教育方法学を学べば即座に"良い"教育方法を身につけることができるわけではない。なぜならば，教育目的によって，教育の対象（子ども）によって，そ

して教育を行う者によって"良い"教育方法は異なり，決して一意的に決められないし，決められてはならないと考えているからである。だから，多くの教育方法学のテキストや教育方法学の授業は，「これが良い教育方法です」というような答えを提示するようにはデザインされていない。

このことは，現在あるいは将来，「どうすればいいんだろう」という悩みをもつ読者には期待外れだと失望させることなのかもしれない。しかし，悩んでいるということは，自らの教育実践は何のために行っているのだろうか，目の前の子どもに合っているのだろうか，などと省察していることの証左である。これまでこうしてきたから，他の教員がこうしているから，という理由のみによる実践には悩む隙はない。

各章で扱われている理論や実践は，教師や教育研究者の悩みの結晶である。悩んだ成果のみの受容ではなく，一人ひとりの授業実践コンピテンシーを高めるために，その過程をたどることによって，適切な悩み方や悩むべきポイントを身につける一助になればと願っている。

本書は教職課程を履修する学生を主要な読者として想定し，編集されている。"良い"教育方法とは何かという問いに対する答えを深めるためにも，その答えの抽斗を増やすためにも，別の可能性を念頭に置きつつ読んでもらいたいと思っている。各章のなかでは，具体的な実践や事例を多く取り入れたつもりではあるが，それは学校教育に限定してもごくごく一部の射程でしかない。「こういう子どもだったらどうか」，「あの教科だったらどうか」，「私だったらどうするか」など，特に授業のなかでは様々な可能性や考え方を受講者同士で出し合いながら学んでもらいたいと考えており，本書がその契機になれば幸甚の至りである。

末筆になってしまいましたが，川松いずみ様をはじめ，北大路書房の皆様には，本書の構成や表現に関しまして，適切なアドバイスをいただきました。このような形で本書を出版することができたことについて，感謝申し上げます。

2025 年 1 月

執筆者を代表して　髙木　啓

目　次

第5章　授業のねらいに応じて教育メディアを 活用することができる　63

第6章　子どもが学習主体となるような 指導ができる　85

第1章

子どもを成長する／変わりうる存在
として理解することができる

Introduction ··

「教育は子ども理解に始まり子ども理解に終わる」……このような言葉が示すように，教育場面において「子どものことを十分に理解すること」の重要性を疑う人は少ないだろう。「子ども理解」という用語は「うつくしい」響きをもつものであり，学校現場はもとより，大学で行われる教員養成科目の講義や教育実習のなかでも，当然のものとして用いられている。大学の授業のなかで，多くの教員は「やはり子ども理解が教育実践の基本だ」と学生に語り，その影響もあってか，学生も日常的に子ども理解の重要性を語るようになってきている。教育実習から戻ってきた学生の発言やレポートへの記述においても，子ども理解という用語が多く見られるようになっている。しかしそこには考えなければならないことがある。

　子ども理解と言ったとき，学校教育において，どこまで，どのレベルまで理解する必要がある（できる）のであろうか。またそもそも「理解」することなどできるのであろうか。子ども理解という「うつくしい」言葉を語ることで満足するだけでなく，その内実や意味について深く考え，教育実践を行っていくことこそが重要なのである。

　以上のような前提に立ち，本章では，まずそもそも「子ども」とは何かという問いから，子どもを「変わりうる存在」として捉えることの難しさを検討する。

次に，子ども理解の可能性や限界について見ていくことにする。そして，子ども
を理解するために求められる教師の姿勢や方法について考えていきたい。

....

■ 1. 子どもは本当に「変わりうる存在」なのか

(1)「子ども」とは何か

そもそも一体「子ども」とは何だろうか。「大人と子どもの違いとは何か」と
言われたら皆さんはどのように回答するだろうか。私たちは「子ども－大人」
という区別を当然のように用いるが，2022 年に成年年齢が 20 歳から 18 歳に
引き下げられたことが象徴するように，子どもと大人との境目は必ずしも絶対
的なものではなく，その時々の時代や社会において移り変わるものである。「子
ども」あるいは「子どもらしさ」という考え方が普遍的なものではないことを
示した著名な研究として，アリエス（Ariès, P.）による『〈子供〉の誕生[1]』があ
る。アリエスは，「中世の社会では，子供期という観念は存在していなかった」
と述べ，近代以前の社会には「子ども」は存在せず，ただ「小さな大人」だけ
が存在していたという。「子どもは保護や教育をしてあげなければいけない」
「子どもは教育されるべき存在である」という私たちがもつ一般的感覚は，近代
の家族や学校のあり方が変化するなかで社会的につくり出されたものだという
わけである[2]。「大人とは違う存在」として「子ども」が発見されたことによって，
確かに子どもは児童労働などから解放され，教育を受ける権利や保護される権
利などを獲得することが可能となった一方で，「子ども扱い」という言葉に代表
されるように，子どもを「未熟な存在」「教育の対象」として見る見方も生み出
されていった。

こうした議論において重要なのは，私たちはその時代や文化を背景にして，何

＊1 フィリップ・アリエス，杉山光信・杉山恵美子（訳）『〈子供〉の誕生──アンシャン・レジー
ム期の子供と家族生活』みすず書房，1980 年。

らかの「**子ども観**」をもって子どものことを眺めているということである。アリエスほど大きな歴史的スパンに依らずとも，一昔前では「子どもは甘やかすよりもガツンと育てられるべき」といった子ども観があった一方で，近年では「子どもも一人の人間であり，その気持ちが大事にされるべき」といった子ども観が強くなっている。こうした子ども観の違いは，そのまま子どもへの関わり方の違いとなっていく。前者のような子ども観を強くもつ人であれば，子どもに対しては強い指導や時に体罰という教育方法を用いることになるし，後者のような子ども観を強くもつ人であれば，傾聴や共感を大切にした関わり方をしていくことになるだろう。教師がもつ子ども観こそが無意識的に教師の振る舞いを規定しているのであり，「自分はどういうふうに子どもを捉えているか」という自分の子ども観を自覚することから，教育方法を構想する営みは始まっていく。

(2) 子どもを固定的に捉える子ども理解

　ここで「子どもを成長する／変わりうる存在として理解する」という本章のタイトルに戻ってみよう。このタイトルを不思議に思う人もいるかもしれない。なぜなら，「子どもが成長する」あるいは「子どもが変わる」のは当たり前のことだという感覚を私たちはもっているからである。しかし，こと教育場面においてはそう単純ではない。

＊2　近代的な子ども観が 13〜18 世紀に生まれたというアリエスの議論は，1980 年代に大きなインパクトを与えたものではあるが，現在では様々な批判や疑義も提示されている。関心のある読者には是非さらに踏み込んで調べていただきたい（例えば，北本正章『子ども観と教育の歴史図像学──新しい子ども学の基礎理論のために』新曜社，2021 年）。
　　また，「子どもとは何か」を考えるうえで，ニール・ポストマンによる『子どもはもういない』も興味深い議論を展開している。ポストマンは，テレビの普及によって子どもも大人同様に情報が獲得できるようになったことで，近代によって生み出された子どもと大人の違いが再び消滅しつつあることを指摘した。ポストマンの議論からすでに 40 年以上が経過し，インターネットや SNS の普及が進んだ現在，本当に大人とは区別される「子ども」など存在しているのかということは是非考えてもらいたい。
　　ニール・ポストマン，小柴一（訳）『子どもはもういない──教育と文化への警告』新樹社，1985 年。

教師もまた子どもを一人の人間として理解する仕事なのに，テストの点数やアンケートの結果に基づいて，あの子は勉強が「できる－できない」，生活上の問題が「ある－ない」といった二分法で，子どものことを判断してしまう。[*3]

　一方的なレッテル貼りがよくないことだとは誰もが知っているが，教育場面においてはレッテル貼りはいともたやすく顔を出すのも事実である。例えば，「あの子はできる子だから」「あの子は○○な子だから」「あの子は家庭に問題があるから」といった具合にである。このように，教師が子どもにレッテル貼りをしてしまうことの問題はどこにあるだろうか。教師によるレッテル貼りの問題点の１つは，子どもに対する教師の見方が固定化するとともに，子どもが「変わる」可能性をあきらめてしまいかねないということにある。例えば，ある子どもに対して「彼は勉強にまったくやる気がない子だ」というレッテル貼りを一度してしまえば，教師は授業のなかでその子どもに積極的に働きかけることをあきらめてしまったり，授業のなかでその子どもなりに頑張っている場面を見落としてしまったりすることになるかもしれない。授業中に机に突っ伏している子どもを「やる気がない」と見るか，それとも「体調が悪いのかもしれない」と見るか，「授業がわからないことを訴えているのかもしれない」と見るかによって，その子どもにどのように働きかけていくかは大きく変わることになる。さらに，レッテル貼りの問題点のもう１つは，そうした教師の見方が子どもたちにも反映されてしまうという問題である。例えば，教師がある子どもを「勉強にやる気のない子ども」とみなし，その子どもに関わっていたとすると，教師の言動を見た周りの子どもたちもまたその子どもを「やる気のないやつ」として扱ってしまうこともあり得る。さらに場合によっては，その該当の子ども自身にも内面化されてしまうという問題もある。つまり，レッテルを貼られた子ども自身が，「どうせ自分はやってもできない」「先生もどうせ期待してい

＊3　深澤広明「子どもを理解するということ」『学校教育』2016 年 5 月号，5 頁。傍点は筆者。

ない」というように，そのレッテルにふさわしい役割を演ずるようになってしまうということが重大な問題なのである。

　このように子どもたちを「固定的に」理解することには様々な問題が含まれている。それでは，レッテル貼りのような，子どもを固定的に見る見方ではなく，子どもを「変わりうる存在」として理解していくためには，教師にはどのような姿勢が求められるだろうか。

■ 2.　子ども理解の基本的姿勢

（1）子どもの言動の背景を探る

　子ども理解を進めていくうえで重要となることは，目に見える子どもの表面的な姿だけで子どもを理解できたと思わないことである。教育方法学者の吉本均は，教育場面でのレッテル貼りを「子どもたちを固定物としてとらえる測定主義である[*4]」と批判し，次のように子ども観を転換することを促す。

> 　レッテルでとらえられるものは，本人の能力の一つの側面について貼られたものにすぎないのであり，本人のなかには，「もう一つの」側面がたしかに存在しているのである。できない子どものなかに，どこかに何ほどかは，できる部分が存在しているのである。ただ，それが発見され，励まされていないのである[*5]。

　吉本は，どんな子どものなかにも「できる部分」と「できない部分」，あるいはこれまでの自分とこれからの自分（こうなりたい自分）が同時に存在しており，教師の仕事はまさに「よくなろうとする」子どもの姿を発見し，それを励まし

＊4　吉本均（著），白石陽一・湯浅恭正（編）『現代教授学の課題と授業研究（学級の教育力を生かす吉本均著作選集5）』明治図書出版，2006年，174頁。
＊5　吉本均『授業成立入門——教室にドラマを！』明治図書出版，1985年，13頁。

ていくことだとする。

　例えば，小学校教諭である大和久勝による次の事例から考えてみよう。[*6]小学5年生のゴローは，国語の授業での板書を書きとるように指示しても，何も書こうとせず，「なんで書かないの」と尋ねると「書きたくない」と返事をする。しばらくゴローの姿をよく見てみると，2〜3文字ノートに書いては深呼吸して，額の汗をぬぐっている。こうした姿から大和久は，「書きたくない」というゴローの言動の背景には，「書くのがむずかしい，つらい」という思いがあり，より丁寧な援助と「やればできるのだから」という励ましの声が必要だと考え，ゴローと関わっていく。そうした関わりの積み重ねの結果，ゴローは今までほとんど提出してこなかった計算ノート，漢字ノート，日記などを自主的に持ってくることにつながったとされる。

　ゴローの言動は，一見すれば授業に対してやる気のない言動，あるいは教師に対する反抗のように見えるが，その背後には，本人なりの苦悩や葛藤が存在していることがわかる。教師の目からすれば否定的に見える行動（困った行動）だとしても，その姿に含まれている肯定的部分を捉えることが重要であり，そうした「**否定の中に肯定を見る**」（第8章参照）という視点こそが教師の資質・能力の中核となるのである。こうした視点はまさに，子どもを「見える部分」だけで固定的に判断するのではなく，成長する存在，変わり得る存在として理解し，そこに教師の力量を見出したものであるといえよう。

(2) 子どもの肯定的な言動の裏側を探る

　前項では，特に子どもの否定的な行動に直面しても，その背景や子どもの気持ちを探りながら，子どもを理解しようとすることの必要性を考えてきたが，逆に教師にとって好ましい行動，すなわち肯定的な行動についてはどうだろうか。こちらにおいても，教師は時に子どもの言動の裏側を探りながら関わることで，

＊6　大和久勝（著），山岡小麦（マンガ）『いまこそ共感力！　子どものトラブルに悩んだら』新日本出版社，2016年。

可視的な部分から理解できる以上のものを見出そうとすることが重要である。

　例えば，授業後の子どもの感想で「今日はグループワークで，○○さんと○○さんと激しい議論をしました。あまりにきびしい追及もありましたが，そのことによって，自分が当たり前であると思っていたことがそうではないのかもしれないと思うようになりました。とても学習が進んだように感じました」といった感想があったとしよう。教師にとっては，ねらい通りの授業のあり方で，大成功の授業である。しかし，それは本当であろうか。

　ここには 2 つの懸念点がある。1 つは，本当に「学習が進んだ」のかという懸念である。たしかにこの感想は，教師が求めていた学習のあり方を子どもたちが実践できたということであり，教師はホッとすることになるかもしれない。しかし，これはあくまで子どもの自己評価であり，子どもの思い込みの可能性も否定しきれず，その実際を問う必要がある。教師は子どもの感想や発言をそのまま受け入れるだけでなく，授業中の子どもの姿やノート，ふり返りなどを通して，本当に子どもの学びが深まったかどうかをしっかりと確認する必要がある。もう 1 つは，こうした子どもの感想が「よい子」の感想となっていないかという懸念である。例えば，授業中の発言やふり返りにおいて，自分が考えたことを率直にではなく，「先生が何を期待しているか」という視点から考えた経験がある人も多いのではないだろうか。子どもたちのなかには，教師の期待を忖度する「よい子」がいるかもしれない。教師にとって肯定的な子どもの行動は，教師にとってはありがたいものであり，否定的な行動に比べても，その意味や背景を考えることは少ない。しかし，「過剰適応」という言葉で表現されるように，時に「教師に気に入られるように」あるいは「優等生としてのキャラを演じるように」振る舞う子どもたちも存在しており，それによって本来の自分とは異なる自分を演じることに苦労しているということもあり得る。「子ども理解」は決して「気になる子ども」や「困った子ども」だけを対象としたものではないのである。

　このように考えてくると，「自分は本当に子どもを完璧に理解することなどできるのだろうか」と不安に思う読者もいるかもしれない。もちろん，人間が他

人を完璧に理解することなどは不可能である。いやむしろ、「完璧に理解できる」という幻想こそが、教師の都合のよい理解を子どもに押しつけるレッテル貼りの温床となっていく。それゆえ、子ども理解において重要なのは、子どもについて何もかも知ることはできないということを理解することである。教師にできることは、子どもの言動や表情に誠実に向かい合い、応答していくことだけである。そうであるがゆえに、教師には子どもたちの言動を表面的に受け止めずに深く探ることと同時に、「子どもの言葉を信じること」あるいは「子どもの言葉を待つこと」も必要となる。子どもはいつも真実を語るとはいえない。また逆に、子どものなかに言いたくても言えない内的な何かしらの事情があるかもしれない。子どもの姿を見ていて、これはウソかもしれないと思うことも多々あるであろう。時には子どもの心が教師にひらく萌芽が見えるまで、「徹底してだまされてあげる」覚悟も必要になる。いずれにしても、子ども理解においては「子どもを正確に理解すること」を目指すのではなく、「子どもに向かいながら理解しようとすること」が重要であることに注意しておきたい。

■ 3. 子ども理解の深化に向けて

(1) 子どもを多角的に見るための視点

　それではより具体的にはどのような視点で子ども理解を進めていけばよいのだろうか。福田敦志は、子ども理解の視点として「ヒト」「モノ」「コト」という3つの視点を提唱している。[*7]

　まず「ヒト」の視点は、その子どもが周りの大人や子どもたちとどのような関係を結んでいるかに着目することである。子どもの行動の原因は、必ずしもその子ども本人の性格に帰せられるとは限らない。他の子どもとの関係がうまくいっていないとき、あるいは、登校前に親とケンカしてきたときに生まれた

＊7　福田敦志「子どもを理解するとはどういうことか」山本敏郎・藤井啓之・高橋英児・福田敦志『新しい時代の生活指導』有斐閣、2014年、100頁。

イライラや傷つきがいつもとは違う子どもの行動を引き出すこともあるだろう。特に学校教育が，学級という集団で日常的に行われていることをふまえるならば，子どもの言動を読み解くためには，同時にその子どもが所属している集団の構造や人間関係を読み解くことが必要になってくる（第9章参照）。

　次に「モノ」の視点は，子どもたちが所有しているモノへ着目し，その意味を読み解くことを意味している。それは例えば，子どもたちがどのような服装をしているのか，あるいは文房具などをどのように取り扱っているのかといった視点となる。「いつも服装が変わらない」「学習道具がそろわない」といった子どもの様子を目の当たりにしたとき，「こだわりが強い」「だらしない」という見方ではなく，その背景にある家庭の様子や子どもの心情などへのまなざしが求められる。

　最後に「コト」の視点は，その子をめぐって学級や学校で起こった出来事に着目しながら，子ども理解を進めることである。学習の場であると同時に，生活の場でもある学校・学級では日々子どもたちの周りに様々な出来事が起きている。「クラスのなかで起きたトラブルに子どもたちはどのように関わっているのか」「運動会のような行事に対して子どもたちは何を感じ取っているのか」など，学校や学級で起きている出来事との関わり方に着目することは，子どもを見るための1つの視点となるだろう。

　いずれの視点においても重要視されているのは，子どもの行動の原因を安易に子どもの性格に還元するのではなく，子どもが「そうせざるを得ない」背景を多角的な視点から探ることである。こうした多角的な視点で子どもを見るという営みは，必ずしも教師一人のなかで自己完結するものではない。同僚の教師や教員サークルの仲間とともに，事例を検討しながら，気になる子どもの言動をどのように理解するのかを検討し合いながら，その子どもについての仮説を積み上げていくこともまた重要となるだろう。こうした試みは「子ども理解のカンファレンス[*8]」と呼ばれることもある。

(2) 子どもの自己表現を重視する教育実践

　ここまで見てきたように，子どもの言動の裏側には，様々な思いや訴えが存在しており，しかもそれは子ども本人にとっても明確に意識されていないことも多い。それをくみ取り解釈していくことも子ども理解の重要な側面であるが，同時に，教育場面においては，子ども自身が自らそうした思いを自己表現し，自分自身と向き合わせていくことも重要な課題となる。

　この点に関わって，子どもの自己表現を大切にしてきた伝統的な教育方法として**生活綴方**が挙げられる。生活綴方とは，「子どもたちが自らの生活とその内面世界をリアルに見つめ，それをありのままに文章に綴るとともに，さらに，そのことによってできた作品を学級集団の中で読み合うことにより，彼らのものの見方・考え方・感じ方を深化させ，共同化させる教育的営み[9]」である。生活綴方は，子どもたちが自分の生活の事実やそこで感じたことを作文にし，自らふり返ったり，子ども同士で読み合ったりする教育方法であるが，同時に教師が子どもの内面や生活を知り，子ども理解を深めたり，自らの働きかけをふり返るための方法でもある。例えば，小学校教師であった土佐いく子は，3年生のまあちゃんの次のような作文を紹介している。

　　　前の日よう日，夜の10時ぐらいになったら赤ちゃん（8カ月の弟）がないてこまった。それでミルクの作り方がわからんかったから，だっこをして，1時間かかってやっとねた。
　　　けど，つかれてふとんに入ったら，また泣きそうになってトントンしてやった。しんどかったです。[10]

———————————————

＊8　福井雅英『子ども理解のカンファレンス──育ちを支える現場の臨床教育学』かもがわ出版，2009年。
＊9　船越勝「生活綴方的教育方法」日本教育方法学会（編）『現代教育方法事典』図書文化社，2004年，535頁。
＊10　土佐いく子「今，なぜ生活綴方教育か──子どもの声を聴く」『日本の科学者』第57巻6号，2022年，28頁。

　土佐は，この日記を読んで初めてまあちゃんの暮らしの実態を知り，宿題を毎日やってこないことの背景にあるしんどさを認識したという。その後，土佐は，「厳しい暮らしの中で，顔を上げ，踏ん張って生きている健気な姿」を読み合うことをねらいとして，本人や保護者の許可を得たうえで，この日記を通信に掲載して共有し，その後，子どもたちはどうしたらまあちゃんが宿題をできるようになるのか自分たちで知恵を出し工夫して取り組むようになっていったとされる。

　生活綴方そのものは 100 年以上の長い歴史をもつ教育方法であり，「現在の子どもたちが自らの生活実態を赤裸々に教師に開示してくれるのか」「それを学級で共有することは可能なのか」など，実践上の様々な課題はある。しかし，日常的に宿題として出されている日記ひとつとっても，単なる文章を書く練習ではなく，子ども自身が生活のなかで経験している意識や感情を自覚し，それらを内から外へ表現していく機会であり，子どもが自己表現するための機会を保障するものだと捉えることが重要である。

(3)「子どもが変わる」ことを願い，指さす——赤ペン指導を例に

　日記に限らず様々な提出物は子どもの現在の力や問題点，今後の課題等を把握できる貴重なものである。教師はこうした子どもからの提出物に目を通し，多くの場合，赤ペンを片手に子どもたちの日記や提出物にコメントを入れていく。毎日のそれは感想など文言として書くものもあれば，アルファベットや記号，二重マルや三重マルなどいろいろな表現方法がある。一見すると日々のルーティンの業務にも見えかねない赤ペン指導は，子どもにとっては先生から一人ひとりへの大切なメッセージとしての意味をももっている。

　　テストの解答に赤ペンでマルをつけるという行為も，それが教師の行為であるかぎり，子どもが自分でマルをつけるのとは違った意味をもっている。答があっているかどうかをチェックするだけなら，教師がマルをつけようが，子どもがマルをつけようが，正答は正答であり，誤答は誤答であ

る。その客観性において赤マルに違いはあってはならない。

　しかし，子どもにとって「教師のつけてくれた赤マル」は，「自分でつけた赤マル」とは違う意味をもつ。「先生がつけてくれた赤マル」には，正答であるという客観的チェック以上に，「自分の答が先生にみとめられた」という主観的意味づけがなされる。そこでは，「答はあってますよ」という点検結果の通達ではなく，「よくがんばったネ」という教師の願いや励ましが，評価としてこめられている。[11]

　ここに見られるのは，教師の子どもへの成長への願いであり，子どもたちは教師の何気ない日常的な働きかけで変わっていくという大きな事実と可能性である。

　「子ども理解」というと，「教師がその子どもをいかに理解するか」という意味において，どこか一方向的なイメージがもたれやすく，そのことが時に教師の勝手な「判断」やレッテル貼りにつながっていくこともある。しかし，教育実践のなかでの子ども理解は子どもを単に観察したり説明したりすることではなく，教師が子どもと関わるなかで行われる。「子どもの表現を通してその子と取り組んでみて，子どもの発揮した力，内在していた可能性に触れ，それを見出すこと[12]」にこそ子ども理解の本質がある。実際に子どもと話してみたり何かをやってみたりすることで，それまでその子どもに抱いていたイメージが大きく変わるということは日常的に起こり得る。また，教育が価値志向的な営みである以上，教師は子どもの声や思い[13]を大事にしながらも，その言動を意味づけ，

＊11　深澤広明「身に介入して書き込む」吉本均（編著）『「まなざし」で身に語りかける（新・教授学のすすめ 1）』明治図書出版，1989 年，85-86 頁。

＊12　上野ひろ美『発達の「場」をつくる——まなざしで向かい合う保育』高文堂出版社，1993 年，198 頁。

＊13　ここでいう「声」とは必ずしも，音声として子どもの口から放たれた言葉だけを意味しない。「声なき声」と表現されるような，言語化されない子どもの思いや，身体，表情を通して投げかける非言語的なメッセージも含まれている。ここでも教師は，可視的な部分（聴こえるもの）にとらわれずに子どもの思いを感じ取っていくことが求められる。

次の育ちを指さしていかなければならない。その意味で，子ども理解は，指導の「前提」であると同時に指導の「結果」でもあるのである。

＊

「子ども理解」という言葉は，今日においては教育実践における普遍的な原理のようなものとして扱われているだろう。教育実習に参加し，子ども理解の重要性が理解できれば，教師としての基盤ができたように評価される現状もあると感じられる。しかし，「理解できた」ということは，何をもって示すことができるのであろうか。決して可視的に示すことができるものではないのである。

とはいえ，本章で示したように，子どもたち（もしくは私たち大人を含む）は，いつの時代でも多くが，意識的にせよ，無意識的にせよ，受け入れられることを求めていると思われる。例えば，赤ペン指導で示したように，そうした教師の行為によって，子どもの心の安定や学びの深まり，何より子どもたちが学習意欲が高まってきたということがある。

大学の授業を一例に出してみると，15 回の講義で，1 枚のシートに 15 枠を作成し，毎時コメントを書かせ，そこに教員が簡単でも（簡潔な）コメントを記入し，次の授業の開始前に返却する。そうすることで，学生の学びへの意欲は驚くほど高まっていく。学校種を超えて，大きな可能性をもつ指導になると思われる。

ただし，たしかに子どもや学生のなかには，無関心で，冷めた子どももいるのが現実である。そうしたことも認めたうえで，教師は覚悟をもって，子どもの成長／変わり得る存在として理解し，教育を行っていくことが重要なのである。

▶▶▶**Book Guide**

大和久勝（著）・山岡小麦（マンガ）『いまこそ共感力！──子どものトラブルに悩んだら』新日本出版社，2016 年。
気になる子どもや「困った子ども」の言動に向き合った教師の子ども理解について

の著作。成功事例ばかりでなく，教師としての葛藤や失敗なども含めて子ども理解の具体的な姿が描かれている。

ニール・ポストマン，小柴一（訳）『子どもはもういない』新樹社，2001 年。
子どもと大人の境目が再び消えつつあることを指摘した著作。デジタル化の進行などを通していっそう子どもと大人の境目が難しくなりつつある現代の状況を考えるために。

▶▶▶**Key Word**

『〈子供〉の誕生』／子ども観／子ども理解／否定の中に肯定を見る／生活綴方

第2章

子どもと対話的な
コミュニケーションができる

Introduction ···

　ヨシタケシンスケの絵本に，『りゆうがあります』『ふまんがあります』と題したものがある。[1] どちらの著作においても，何気ない子どもの行動の背景にある「りゆう」や，大人の振る舞いに対する「ふまん」が子どもの目線から語られ，父親や母親と子どもとのやり取りがコミカルに描きだされている。例えば，「どうしておふろにはいるじかんをおとながかってにきめちゃうの」といった子どもの「ふまん」を目にすると，普段あまり気にすることのない大人の一方的な「ずるさ」を考えさせられてしまう。

　学校であろうと家庭であろうと，教育の場面においては「相手の声に耳を傾けること」「相手と対話すること」が理想的なコミュニケーションの形だとみなされることは少なくない。しかしながら，実際には私たちは教育という場面のなかでどれほど子どもと対話することができているだろうか。どれほど子どもたちの声に真剣に耳を傾けることができているだろうか。

　本章ではあらためて学校教育において子どもたちと対話的にコミュニケーションをするとはどういうことなのかという問題について考えてみたい。まずは対話

---

*1　ヨシタケシンスケ『りゆうがあります』PHP研究所，2015年。
　　ヨシタケシンスケ『ふまんがあります』PHP研究所，2015年。

とは何かという問題を考えながら，私たちが思っている以上に学校教育において対話を成立させることは困難であることを示したい。それをふまえたうえで，学校・教室において子どもたちといかなるコミュニケーションをとることが可能なのかについて考えていこう。

··

■ 1．あらためて対話とは何か？

（1）会話，討論，おしゃべり，説得……対話以外の言語的コミュニケーションとのちがい

　対話という言葉は私たちの身の回りにあふれた用語であるとともに，多くの場合はポジティブな意味を付与されて使用されることが多い。試しにインターネットで「対話」と検索してみれば，「今こそ必要な『対話』」「ビジネスにおける対話の重要性」「対話で組織が変わる」といった文言が多数検出されてくるように，「対話」は様々な問題を解決したり，民主的な社会・組織をつくるための「必殺技」のように位置づけられている。教育界も御多分に漏れず，「主体的・対話的で深い学び」など教室におけるコミュニケーションを対話的なものにしていこうとする努力が積み重ねられている。

　しかし，これほど身近な言葉であるにもかかわらず，あらためて「対話とは何か」「おしゃべりや会話とは何が違うのだろうか」と問われたらどのように回答するだろうか。対話のもつ特質を理解する際には，会話や討論といった類似の言語的コミュニケーションとの異同を考察する方法がよくとられている。哲学者の納富信留は，対話を「二人（あるいは少数）の間で，主題をめぐって交わす言論である」と定義したうえで，対話と「対話でないもの」との区別を次の5点に整理している。[*2]

　第一に，話す相手が特定されているか否かの違いである。匿名や不特定多数

＊2　納富信留『対話の技法』笠間書院，2020 年，22–33 頁。

の人との意見交換や駅でたまたま隣に座った人との世間話などとは異なり，対話は語る相手を一人の人間・人格として扱うことによって成立する営みである。

　第二に，相互的であるか一方向的であるかの違いである。演説や弁論のように一方的に語られる言葉は対話とは呼ばれない。教育場面でいえば，相手の反論を許さない一方的な説教や叱責もまた対話とは異なるものである。対話は双方向的な営みである。

　第三に，コミュニケーションのねらいを「交わす」ことに置くのか，「伝える」ことに置くのかの違いである。相手に特定の情報を伝達すること，相手を納得させること，討論において相手を論破することはやはり一方向的なコミュニケーションなのであり，双方向的な対話とはいえない。対話は相手と言葉や考えを「交わす」ことで，互いの考えや価値観を交流し，すり合わせることを重視するものである。

　第四に，対話の主題として共通のテーマが存在しているかどうかの違いである。私たちの日常的な会話は，特定のテーマをもっていなくても成立する。例えば，「Ａ：後輩の○○くんって知ってる？　彼って勉強熱心だよね〜」「Ｂ：知ってる知ってる。彼，スタバでバイトしてるらしいね」「Ａ：そうなんだ。そういえばスタバの新作飲んだ？」……といった散漫なやり取り（おしゃべり，雑談）は対話とはみなされない。対話は「特定の同じ一つの主題，あるいは問いを共有している」という特徴をもつ。

　第五に，言葉を用いたやり取りか否かという違いである。身振りや表情，身体の動きといった非言語コミュニケーションは重要な表現手段ではあるが，対話は「見らわかる」「以心伝心」「空気を読む」という状態ではなく，言葉を交わしたやり取りで行われる。ただし，私たちのコミュニケーションは単なる情報伝達ではないので，身体的な要素は対話において重要な役割を果たすことには注意が必要である。

　以上のような区別をふまえてみると，対話というものが単なる言葉のやり取りを意味するのではなく，極めて非日常的なコミュニケーションの形態であることが見えてくるだろう。対話は「一方向的に相手に何かを伝えること」でな

いのは言うに及ばず，「相手と楽しく話をすること」でも「相手の話にひたすら耳を傾けること」でもない。対話とは，相手を一人の人間として認め，自分と相手との考え方の違いを尊重し，特定の主題をめぐってお互いの考えを交わしながら，合意を目指していく言語的コミュニケーションなのである。私たちにとって対話は身近なものなどではなく，むしろ私たちは日常生活のなかで対話を巧妙に避けながら，互いが対立しないように暮らしているのが現実なのだということをまず認識しなければならない。

(2) 対話の視点から教室のコミュニケーションを再検討しよう

　先ほどの5つの視点をふまえてみれば，子どもと対話するということが決してたやすいものではないことも見えてくる。誰かと対話するということは，多かれ少なかれ何らかのぶつかり合いや対立を引き起こすことになるし，対話のなかでは自分自身の考えが相手に受け入れられなかったり，自分自身の考えを変更せざるを得ない状況が生じ得る。つまり，教師が子どもと本気で対話しようとするならば，子どもの意見を本気で受け止め，時には教師の意見が子どもに受け入れられないことを覚悟しなければならないということである。哲学者の鷲田清一の言葉を借りれば，対話は**「相手へのリスペクト（敬意）と自己へのサスペクト（疑念）がなければ成り立たない」**[*3]のである。それゆえ，対話は決して生易しいものではなく，教師にも子どもにも自らを賭けて「対話する勇気」が求められるのであり，それは言い換えれば「相手と対立する勇気」「自らが変わる勇気」が求められるといってもよいだろう。

　しかし，学校における現実のコミュニケーションは，説得的コミュニケーションや問答的コミュニケーションに終始してしまっていないだろうか。例えば，日常的に子どもと対話することを意識してはみても，単に頻繁に子どもに声をかけたり，おしゃべりをするということにとどまってはいないだろうか。学級に関わる様々なことを子どもと話し合って決めていこうと考えながらも，実際に

---

*3　鷲田清一「折々のことば」朝日新聞，2018年2月19日朝刊。

は大切なことはすべて教師が決めており，些末なことに関してだけ子どもの意見を聞いたり，形式的に聞いたふりをしてしまってはいないだろうか。子どもたちと対話しながら授業を進めるという形はとっていても，その内実は教師が決めた答えを子どもに当てさせるようなやり取りになってはいないだろうか。子どもとの対話的なコミュニケーションを意識しながらも，実際の場面では一方向的なコミュニケーションになってしまったり，上滑ったものになってしまったり，という経験をしてきた人は多いのではないだろうか。

　実は対話という営みの本質をつきつめて考えていくほどに，（特に学校）教育という場面において，教師と生徒との間で対話を成立させることは非常に困難であることが見えてくる。「子どもと対話を！」「授業を対話的に！」といったフレーズがことさら強調されなければならないのは，それが簡単に実現されないものだということを反映しているからである。それでは子どもとの対話を阻んでいるものとは何なのだろうか。それは教師に対話のスキルが欠けているからといった技術上の問題だけではなく，学校という制度の構造的な問題やそれに起因する教師の子ども観や授業観が大きく関わっている。以下では，対話を阻害してしまう教師の見方や考え方を浮かび上がらせながら，それを解きほぐす視点を考えてみたい。

■ 2.　学校において対話を阻害するものとは何か？

(1)「子どもは教師の言うことを聞くものだ」という役割意識

　まずもって，学校において教師と子どもとの対話を阻害するのは，「教師＝教える人／成熟した存在」と「子ども＝教えられる人／未成熟な存在」という根強い役割意識の存在である。学校という制度的空間のなかでの教師と生徒との関係は決して対等なものではない。いつどこで何をするか，どのような教室のルールを設定するか，といったことの決定権の多くは教師が握っており，教師と子どもとの間には権力的なタテの関係が存在している。「学校生活のなかで子どもが自分たちで何かを決められるのはどのような場面か」と考えてみると，そ

表 2-1　児童の権利に関する条約

第 12 条
1　締約国は，自己の意見を形成する能力のある児童がその児童に影響を及ぼ
　すすべての事項について自由に自己の意見を表明する権利を確保する。この
　場合において，児童の意見は，その児童の年齢及び成熟度に従って相応に考
　慮されるものとする。
2　このため，児童は，特に，自己に影響を及ぼすあらゆる司法上及び行政上
　の手続において，国内法の手続規則に合致する方法により直接に又は代理人
　若しくは適当な団体を通じて聴取される機会を与えられる。

れが驚くほどに少ないことに気づくだろう。

　確かに教育場面において子どもは未成熟な存在であり，子どもの適切な成長
を促すために，子どもの行動や環境を教師が制御することは大切なことである。
ただし，その一方で子どもたちもまた大人と同様に，権利を有する一人の人間・
人格であることを忘れてはならない。1989年に国連総会において採択され，1994
年に日本も批准した「児童の権利に関する条約（**子どもの権利条約**）」において
は，子どもに認められるべき基本的人権が定められているが，そのなかでも重
要な権利の 1 つとして第 12 条の「**意見表明権**」[4] がある（表 2-1）。意見表明権
とは，子どもが自分に関係する事柄について自由に意見を表すことができる権
利であり，大人はその意見を十分に配慮することが求められている。

　しかし，子どもを一人の人間として尊重し，その意見に配慮すべきだといっ
ても，簡単に受け入れ難い人もいるだろう。「子どもの言うことをいちいち聞い
ていると教師がナメられてしまう」といった危惧が生じるかもしれない。しか
し，このような危惧が生じる背景にはやはりまだ対話に対する誤解があると思
われる。前節で見てきたように，対話というのはあくまで双方向的であり，互
いの意見や価値をすり合わせながら合意を目指していく営みであったはずであ
る。「子どもの意見を聞く」ことは「子どもの意見に従う」ことと同義ではない。
そうではなくて，対話においては，教師としての指導や要求はもちながらも，そ
れを一方的に押しつけるだけでなく，それを子どもはどのように受け止めるの

───────────

*4　外務省「児童の権利に関する条約」

表 2-2　「対話型叱り方」の要点

- 子どもと対話をすることです。
- こんこんとお説教をするとかではありません。
- 教師の思いだけを伝えるものではありません。
- 叱ったらダメだというわけではありません。
- ダメなことはダメと言った上で，しっかりと対話をしていく。
- 子どもとしっかり話をしていく。
- 叱られた人に変容がある。

出所：樋口万太郎（編著）『クラスの子が前向きに育つ！　対話型叱り方』学陽書房，2022 年，16 頁。

か，あるいは子どもの側にどのような「りゆう」や「ふまん」があるのかを聞き，互いに折り合いをつけていくことが求められるのである。

　例えば，小学校教師の樋口万太郎らは，一方向的なコミュニケーションになりがちな「叱る」という場面においても対話的な発想が必要だと考え，表 2-2 のように「対話型叱り方」を提案している。

　具体的な事例として，「授業中に教室を飛び出していく子」の例を取り上げてみよう。樋口らは，様々な原因をもちながらこのような行動をとっている子どもに対して「どうして出ていくんだ。教室にしっかりといなさい！」と叱ってもあまり意味がないという。そうではなくて，教室を出ていく直前にどんなことがあったのか，出て行ってしまった子どもにはどのような理由があったのかを聞き取りつつ，一方で勝手に出て行ってしまうことへの教師の心配も伝えながら，教室にいられる方法を一緒に考えていくことが必要だとする。

　こうした指導方針には，「普段の楽しいときには対等に近いヨコの関係で，説得や叱責のときにはタテの関係で」といったような安易な関係性の使い分けではなく，教師が指導すべき場面においてさえ（そのような場面でこそ）子どもとの対話を目指していこうとする方向性が表れている。

　もちろん学校における教師と生徒との関係を完全に平等にするのは土台無理な話であるし，子どもの権利条約においても子どもを急に一人前の大人扱いするように要求されているわけではない。しかし，子安潤が言うように，「完全に平等な関係ではないとしても，互いを認め合って真理や道理に従っていこうと

する覚悟を持った関係をつくり出そうとしていれば，対話は可能だ」[5]という見方をもつことが，子どもと対話的にコミュニケーションするための第一歩となる。大切なことは，タテの関係かヨコの関係かといった問題に悩むことではなく，子どもが「保護される対象」であるとともに「権利を行使する主体」であるという子ども観をもち，一人の人格として子どもを認め，コミュニケーションしていくことである。

(2)「教師の仕事は知識を伝えることだ」という授業観

　学校の日常にあふれている教師と生徒とのタテの関係性は，学習指導場面においていっそう顕著な形で現れることになる。学習指導要領で示された「教えるべき内容」をふまえ，教科書を読み込み，十分な教材研究をふまえて教師は授業を進める。こうした当たり前の光景こそが，対話を成立させるうえでは大きな障壁となってしまう。なぜならば，教師のほうが正解や正答をもち，子どももはそれを受け取るという図式を生み出してしまうことになるからである。前節で見たように，対話のねらいは相手を説得することではなく，お互いの違いを尊重しながら合意を目指していくことにあった。しかし，学習指導の場面は，お互いの合意をつくるというよりも，教師が定めた正解を子どもに「納得」（同意）させるプロセスになってしまいがちである。例えば，小学校教師の山田洋一が例示する以下のような「まずい対話」の場面を経験したことがある人は多いのではないだろうか。

　　　教師「参勤交代をなぜさせたんだろうねえ」
　　　子ども「……」
　　　教師「なんでもいいよ。言ってごらん」
　　　子ども「大名たちをそばに置いておきたかったんじゃないかなあと思う」

＊5　子安潤「対話的な関係・対話的な授業をつくる」岩垣攝・子安潤・久田敏彦『教室で教えるということ』八千代出版，2010年，73頁。

　　教師「どうしてそばに置いておきたかったんだ？」

　　子ども「旅行させて，いろんなところを見させて……」

　　教師「うーん，ほかに？[6]」

　このやり取りでは，形式的には教師と子どもとが双方向的なコミュニケーションをとっているようには見えるが，教師は話を聞いているようで，子どもたちの考えを抑え込み，教師の期待する答えに誘導しようとする点において一方向的なコミュニケーションとなっている。

　こうした教育の日常的状況を「教育は，一方的語りかけという病に陥っている」と批判したのが，ブラジルの教育学者**フレイレ**（Freire, P.）であった。フレイレは「教師が教え，生徒は教えられる」形で，情報を子どもに一方的に伝達するような教育の姿を「**銀行型教育**」と呼んだ。つまり，子どもを「知識の容れもの」と捉え，それをいっぱいにしようとするような教育の姿である。そうした銀行型教育においては，子どもとの対話は拒否され，子どもたちはただ抑圧され，何かを探究することや実践することから切り離されたままとなっている。このような教育の姿を打破するためのカギとなるとフレイレが考えたのが「対話」である。

　　　対話をとおして，生徒の教師，教師の生徒といった関係は存在しなくなり，新しい言葉，すなわち，生徒であると同時に教師であるような生徒と，教師であると同時に生徒であるような教師が登場してくる。教師はもはやたんなる教える者ではなく，生徒と対話を交しあうなかで教えられる者にもなる。生徒もまた，教えられると同時に教えるのである。[7]

＊6　山田洋一『発問・説明・指示を超える対話術』さくら社，2010 年，15–16 頁。

＊7　パウロ・フレイレ，小沢有作・楠原彰・柿沼秀雄・伊藤周（訳）『被抑圧者の教育学』亜紀書房，1979 年，81 頁。

対話を通して，教師／生徒という関係が組み替えられ，教師と生徒がともに探究的に教え学んでいくような教育の姿をフレイレは「課題解決型教育」と呼んでいる。「課題解決型教育」においては，教師が子どもに定まった知識を授けるのではなく，生徒の要望・意見・感想から自らの知識やカリキュラムを疑い，修正していくことになる。ところで，このように書くと，フレイレの提起するような対話的実践は，意欲の高い子どもや優秀な子どもだけが取り組めるような特殊な実践としてイメージされるかもしれない。しかし，フレイレ自身の問題意識が貧しい非識字の農夫の教育にあったように，むしろ学校的な世界観になじまない学習者にこそ対話的な教育は必要である。例えば，「教室にいる 30 名のうちこちらを見ているのは 3 名のみという絶望的な状況」で実践を行った高校の英語教師，田中容子の実践を見てみよう[*8]。田中は，まず生徒の名前を呼ぶとともに，「君たちはどんな授業なら起きていてくれるのか？」「あなたはどんな教材なら読む気になるのか？」と生徒に問い，その声に耳を傾けることから出発する。「何か作ってたべたい」という声が出れば，「調理中は英語で」という約束のもとでホットケーキを焼いてみたり，キング牧師のスピーチなら読んでもよいという声に応えたりしながら実践を展開する。教師が用意した学びの土俵には乗ってこなかった生徒たちも，自分たちにとって現実感のある授業内容に対しては次第に前のめりに授業に参加するようになっていったとされている。

　近年，アクティブ・ラーニングや「主体的・対話的で深い学び」といったキーワードで授業改善が語られており，実際に授業のなかで子どもたちの対話場面を設定することが増えている。しかし，ともすればそこでの対話は教科書通りの答えにたどり着くことが前提となった形式的な対話となってしまっていることも少なくない。いま対話という視点から授業を変えることを考えるならば，子どもたちの間の対話を組織することに加えて，教師と子どもとが対話するよう

＊8　田中容子「『学ぶ』：すべての生徒に居場所のある学校を」『教育制度学研究』第 26 号，2019 年，148–149 頁。

な授業をつくっていく視点もあわせて考えておきたい。こうした視点は，決して日常的な授業のなかで取り入れることが不可能なわけではない。教師が発問して子どもが応答するという従来的な「問答」形式の授業のなかでも，「教師が一方的にまとめたりしない」「子どもの主張の真意や意図を丁寧に聞く」「意見を表明しない自由を認める」といった形で取り込んでいくことが可能だからである。

■ 3.　子どもと対話的にコミュニケーションすることへ向けて

　冒頭に述べた定義に厳密に従うのならば，教師（教える人）と子ども（学ぶ人）という非対称的な関係が存在し，しかも1人の教師対複数の子どもという状況が存在するなかでは，対話というものは成立することは極めて難しいものに見えるかもしれない。しかし他方で，ここまで論じてきたように，完全な対話が実現しないとしても，対話という視点から教室のコミュニケーションを再検討することで，教師と子どもとのコミュニケーションを対話的なものへと変えていくことは決して不可能なものではない。それでは，学校において対話的なコミュニケーションを実現していくためにはどのような視点が考えられるだろうか。

(1)　日常のなかから対話のテーマや場面を見つける

　まず1つには，日常的な実践場面のなかで，子どもと対話すべき場面，対話可能な場面を探すことが重要になるだろう。対話と聞くと，どうしても言語的なやり取りの場面が想定されるため，対話には何かスキルや技術のようなものが必要だと考えられがちである。しかしながら，細川英雄は，外国語を話すときに文法規則などを気にして自由に話せなくなってしまうのと同じように，「あまり対話の技術ということにこだわると，かえって対話はできなくなってしまう[*9]」のであり，大切なことは，どうやって人と対話するかという方法の問題ではなく，対話の内容，テーマなのだと指摘している。再度，冒頭の5つの区別

に立ち戻ってみよう。対話は散漫としたおしゃべりとは異なり，何らかのテーマを必要とするものであった。そのことをふまえれば，子どもと対話的なコミュニケーションをとるためには，それに値すべきテーマを発見し，子どもに投げかけてみることがまず重要となる。

　もちろんテーマは何でもよいわけではない。例えば「サンタクロースは実在するか否か」といったテーマでは，子どもが語り出す意味を感じるには不十分である。子どもに当事者性をもたせ，教師と対話する必然性を感じさせるようなテーマが取り上げられるべきであろう。

　こうした視点に立ったとき，小学校教師である岩瀬直樹らが実践するような**「教室リフォーム」**は興味深い事例である。「教室リフォーム」というのは，「毎日過ごす教室を自分達の手でリフォームするプロジェクト[*10]」であり，教師と子ども，そして子どもたち同士が対話を重ねながら，自分たちの居心地のよい教室をつくっていく試みである。具体的には，机の配置，掲示物，学級文庫や教室の物品の配置などから始まって，時には教室のなかにクールダウンチェアや畳の図書コーナーを設置したりするなど，既存の教室空間をリデザインしていくのである。

　私たちは「机の配置，掲示物の管理，教室の環境構成は教師の仕事だ」という「当たり前」の考え方をもっている。しかし，こうした「当たり前」のなかにこそ，子どもと対話するためのテーマが存在しているかもしれないことを教室リフォーム実践は提起してくれる。また，教室リフォーム実践で特徴的なことは，教師と子どもが対等的な関係に近づきながら対話を積み重ねていることである。もちろん，教室リフォームをめぐる対話において，教師は「子どもの意見に従う」という立場に立つばかりではない。教師もクラスの一員であるがゆえに，教師の希望を事前に子どもに伝えることも大切であるし，リフォームのルールや注意事項を定めることも必要となる。しかし，そのルール自体も再

＊9　細川英雄『対話をデザインする――伝わるとはどういうことか』筑摩書房，2019 年，11 頁。
＊10　岩瀬直樹（編著）『子どもとつくる教室リフォーム』学陽書房，2017 年，9 頁。

び子どもと意見を交わしながら「リフォーム」していくという点に，教室リフォーム実践の対話性を見出すことができるだろう。

　このように日常的な教室の風景や活動のなかに子どもたちと対話するためのテーマを探していくことが重要となるが，ここで気をつけておきたいのは，子どもたちとの対話をイベント的なもの，散発的なものに限定してしまわないことである。教室リフォームをめぐって対話をしたから，他の部分では対話をしないといったように，対話の場面を設定したりしなかったりするのではなく，教室の日常的な活動そのものを対話の視点から問い直すことが重要となる。

　この点に関わって，深澤広明は教師から子どもに「語りかける」という行為もまた，対話という視点で捉え直されなければならないとして，以下のように述べている。

　　教師による「語りかけ」は刻々の「応答」であると同時に，たえざる「合意」による価値（観）の「摺り合わせ」の過程でもある。だから教師は，子どもたちに，話している途中に，話の内容を理解しているかどうか，どこまで合意しているかどうかの確認をとりながら「話を進める」のである。この「確認や合意」のある語りかけは，すでに「対話」的なのである。（中略）一斉指導で，子どもの発言を板書する場合も，この表現でよいかどうか，発言をした子どもに確認をとったり，学習集団全体で合意を形成したりしながら，書いていく。教師にとって都合のよい表現を「押し付ける」のではなくて，学習集団との「確認や合意」を取ることで，授業や指導を「対話」的なものにしていくのである。[*11]

　子どもと対話的なコミュニケーションをとることは，特定の場面や時間に限られたものではない。子ども一人ひとりと言葉を交わすことを大切にするならば，自然と日常的な教育実践全体が対話的なものに変わっていくはずである。そ

---

*11　深澤広明「『応答と対話』のある教室づくり」『心を育てる学級経営』2004年6月号，67頁。

れは何も特別な取り組みではなく，上記のような何気ない語りかけの場面においてさえ，「これでよいか」「どうしてほしいか」という自然な投げかけとして発出されることになる。確かに，学級集団全体に向けた教師の「語りかけ」の場面においては，対話の成立条件の1つである「一人ひとりの相手に向けて語りかける」ということは難しい。しかしそれでもなお，「一人ひとりに向かって目を合わせながら語りかける」「子どもの相づちや表情を受け止める」といった双方向的なやり取りを意識しながら語りかけていくことが，両者の信頼関係を生み出すとともに，子どもたちの学びを促す行為へとつながっていくのである。

(2) 子どもの「声なき声」と対話する

　ここまで主に教師の側からの働きかけの問題として，子どもとの対話的コミュニケーションのあり方を説明してきたが，対話が双方向的なやり取りである以上，教師だけが対話的な構えをつくるだけでは不十分であろう。そもそも，「教師－生徒関係」のような非対称的な関係において行われる対話は非常に暴力的なものになりやすい。例えば，皆さんがある会社の社員だったと仮定してみたとき，上司に呼び出されて「率直に思うところを何でも言ってくれ。フラットな関係で対話しよう」と言われたとして，素直に応じられるだろうか。

　いくら教師の側に対話の意識があろうとも，必ずしも子どもが自分の意見を表出してくれるとは限らないし，何よりそのための能力自体がまだ未成熟だということもあるだろう。特に，自分の気持ちや考えをうまく表現したりすることが難しい子どもにとっては尚更である。

　例えば，学級のなかで気に入らないことがあると，「死ね！」「ウザい」といった暴言を吐く子どもがいたとしよう。教師はこのような発言に直面すると，どうしても注意や叱責といった対応に偏ってしまいがちである。しかし，特別支援学校教諭である川上康則は，こうした暴言の正体は「くやしい」「苦しい」といった気持ちを言語化することを「未学習」の状態であり，毅然とした指導ではなく「もがきの代弁者」になることが必要だと指摘する。[*12] もがきを代弁するというのは，例えば「死ね！って言いたいくらい，腹が立ったんだよな」といっ

たように，子ども自身ではうまく表現できない思いを言語化することに伴走する行為である。子どもたちが発する暴言そのものにではなく，その暴言の裏にある感情との対話を通してこそ，教師と子どもの信頼関係は生まれてくることになるだろう。

　また，授業のなかで表に出てこない子どもの声を表出させる仕組みとして，戦後授業実践史のなかで生み出されてきた「**ストップ発言**」という仕掛けに注目してみたい。ストップ発言とは，授業の展開のなかで子どもたちが学習上の要求を表明することを意味しており，文字通り授業の進行にストップをかけることを意味している。例えば，授業のなかで子どもが「わかりません」「ちょっと待ってください」「もう少し時間をください」といった要求を教師に対して表明することを認め，授業におけるきまりに組み込んでおくのである。

　日常的な教室の風景において，子どもの側から授業の進行にストップをかけるということは決して容易ではない。「わからない」「間に合っていない」といった場合でも，多くはそのまま授業が進行していくのを黙って見過ごすしかないのが現状ではないだろうか。「ストップ発言」を授業のなかで認め促すということは，授業を教師だけのものではなく，子どもにとっても参加可能なものへと変えていくことにつながり得る。それは言い換えれば，授業という日常的テーマをめぐっての子どもと教師との対話的コミュニケーションの機会を用意するものだという見方もできるかもしれない。

■ 4. あらためて，今なぜ教室に対話的コミュニケーションが必要なのか？

　ここまで教師と生徒との間に対話的コミュニケーションを生み出すうえでの困難とそれを克服するための視点について考えてきた。教室における対話的コミュニケーションがかくも難しいものだとすれば，「本当にそこまでして教師と

生徒との間に対話的なコミュニケーションが必要なのだろうか」と考えている読者もいるだろう。果たしてなぜ対話的コミュニケーションが必要なのだろうか。

まず1つには，子どもにとって学校や教室を安全な居場所にするため，という点が挙げられる。教育現場における指導者による不適切な関わりや本来避けるべき関わりを「**教室マルトリートメント**」と表現して問題視する川上は，子どもに寄り添わない教師の高圧的な態度が様々に子どもを傷つけており，時にはそれが長期にわたるPTSDやフラッシュバックの原因となっていることを問題提起している。[13]私たちが安心感や居場所感を感じるためには，他者が自分の言葉を聞いてくれていると感じること，自分の言葉を認めてくれていると感じることが重要となる。対話は，体よく子どもに言うことを聞かせたり，子どもの機嫌をとるための手段なのではなく，子どもたちの声が聞き取られ，誰かに応答してもらえるという経験を通して，教師と子どもとの間に信頼関係を築き，教室を子どもにとっての「安全基地」へと変えていく営みである。

またもう1つには，民主主義を子どもに教えるため，という点があるだろう。民主主義とは端的にいえば，「みんなのことをみんなで決めてみんなで守る」ことを意味しており，当事者たちが自分に関わることを議論して一定の合意をつくりだそうとしていくことである（第9章参照）。議論を尽くす前に多数決で物事を決めてしまうことや，子どもの問題を学校や教師が話し合うことなしにすべて決めることは民主主義に適ったやり方ではない。学校において子どもたちに関わることを子どもたちと話し合ったり，確認したりするということは，まさに民主主義の実行の仕方を子どもたちに学ばせているのである。

とりわけ社会全体が不確実性を増し「唯一の正解」が見つかりにくくなるとともに，人種・宗教・ジェンダー・価値観などをめぐる多様性が増大していく現代社会において，自分とは異なる他者とコミュニケーションをとり，折り合いをつけていく術はもはや不可欠な能力・態度といってもよい。しかしこうし

---

[13] 同前。

た時代状況に反して学校ではますます教師と生徒とのタテの関係性を強化する条件が積み重ねられているという矛盾も存在している。例えば，「**ゼロ・トレランス**」と呼ばれるような方策が浸透している動向である。「ゼロ・トレランス」とは，違反行為の内容とそれに対応した罰を事前に決めておき，実際にその行為が起きた場合には行為の理由や情状酌量の余地を問うことなく，ルール通りに適用する方策である。[*14]例えば，遅刻を一回したら罰掃除，二回したら保護者連絡，三回したら別室指導……といった具合にである。「ゼロ・トレランス」への賛否はさておき，ここで問題となるのは学校や教師が定めたルールが一方向的に子どもに適用され，子どもの言い分が聞き取られないという構図である。そこにはお互いの考えを交わしながらすり合わせていくという対話的な発想は全く無い。近年社会問題化しつつある「ブラック校則」問題や，授業の進め方を「型」として統一しようとする「スタンダード化」の動向においても同様の構図も見られる。

　このような子どもとの対話的コミュニケーションを拒否するような実践は，「民主主義は不要である」「弱者や少数派の意見など聞く必要がない」という「隠れたカリキュラム」（96 頁参照）を（たとえ無意識的にだとしても）子どもに教えているのと同義である。いくら教科の授業のなかで「民主主義とは何か」と教えられても，あるいは「多様な価値観を尊重しましょう」といった道徳的な声かけがいくら繰り返されたとしても，目の前の教師自身がそうした姿勢を欠いているのだとすれば，その語りは説得力をもたないだろう。子どもたちに民主主義的に生きることを本当に教えようとするならば，まずは教室そのものを民主主義を実践する場としていく必要があるのであり，その際の中心に位置づくのが本章で見てきたような対話的実践なのである。

＊

＊14　「ゼロ・トレランス」の詳細については，以下を参照。
　　横湯園子・世取山洋介・鈴木大裕（編著）『「ゼロトレランス」で学校はどうなる』花伝社，2017 年。

本章では，「子どもと対話的にコミュニケーションすることができる」ことを目指しながら，対話的コミュニケーションのあり方について考えてきた。中原淳が指摘するように，現代社会において対話は「ロマンチックワード」（その言葉そのものに，善いイメージが内在している言葉で，それゆえに，ひとびとを魅了・幻惑し，思考停止に陥らせる言葉）となっている。[15] 本章で見てきたように，対話は「癒し系」の「柔らかな」コミュニケーションなのではなく，「相手と対立すること」と「自分が変容すること」を前提とした「しんどい」コミュニケーションの形であった。そうであるがゆえに，子どもとの対話的コミュニケーションを成立させようと思えば，コミュニケーションスキルや話し方というレベルを超えて，教師自身がもつ学校観・子ども観・授業観を解きほぐしていくことが大切になる。そうした「観」の変容が無いところでの対話実践は，形式的なものになってしまい，むしろ子どもが「対話」への信頼を損なうような営みになってしまうことには注意をしておきたい。教師が子どもと日常的に対話的なコミュニケーションをとることは，子どもの対話する能力を育て，価値多元化する現代社会を生きていく力を身につけさせるための最大の教育活動なのかもしれない。

▶▶▶ Book Guide

パウロ・フレイレ，三砂ちづる（訳）『被抑圧者の教育学（50 周年記念版）』亜紀書房，2018 年。
「教師が子どもに知識を与える」という私たちの素朴な教育イメージに対して再考を迫った古典的著作。1968 年に発表されて以来，多くの国で読み継がれ，大きな影響を与え続けている。

---

*15　中原淳「ロマンチックワード化する『対話』⁉ (2019 年 9 月 2 日)」
　　 NAKAHARA-LAB.net

中原淳『話し合いの作法──「対話と決断」で成果を生む』PHP 研究所，2022 年。
教育における対話について直接的に論じたものではないが，現在の日本社会で対話
の文化や技法がいかに欠けているか，それがどのような問題を生んでいるかをコン
パクトにまとめてある。

奈良教育大学付属小学校（編）・川地亜弥子（解説）『みんなのねがいでつくる学
　校』クリエイツかもがわ，2021 年。
子どもとともにつくる教育のあり方を実践的に描いた著作。教科の授業はもちろん
のこと，教科外教育や特別支援学級なども含めて，子どもと対話的に学校をつくっ
ていく姿が描かれている。

▶▶▶**Key Word**

> 対話／相手へのリスペクト（敬意）と自己へのサスペクト（疑念）／子ども
> の権利条約／意見表明権／パウロ・フレイレ／銀行型教育と課題解決型教育
> ／教室リフォーム／ストップ発言／教室マルトリートメント／ゼロ・トレラ
> ンス

第3章

学習する意義とともに教科内容・教材を理解することができる

Introduction ···

　私たちは学校で何を教えられてきたのだろうか。この問いに対して,「算数」や「歴史」というように教科・科目で答える人もいるだろうし,「ごんぎつね」,「電池とイオン」など教科書の章題で答える人もいるかもしれない。あるいは「友だちと協力することの大切さ」など教科内容ではないことをまず思い出した人も多いかもしれないが,本章では,教科に限定して考察する。とはいっても,「友だちと協力することの大切さ」といった内容が,教科の授業と無関係というわけでは決してない。むしろ,教科の授業において教え合ったり,アイディアを出し合ったりするなかで学ばれるという側面もある。いや,むしろそのような内容はそのまま教えられるより,そういう経験を通してしか学べないとさえいえる。さらにいえば,教科の内容についてでさえそのまま教えれば学ばれるというわけでもない。その意味で,教師は教科内容を単に理解しておくのみならず,教科内容とは何か,そしてその内容が学習者にとってどのような意義があるのか,について理解しておく必要がある。

···

■ 1. 「何を」「何で」教えるか──教科内容と教材

　教科の授業をつくるときに，何を教えるかを教師が自分で考える必要があることは，ほぼない。何を教えるかは多くの場合決められている。何が教えられることになっているのかを知るには何を見ればわかるだろうか。「教科書」と答える人もいるかもしれないが，正確には違う。教科書については，次節で改めて述べる。

　"学校全体で"という広く長い視点から，"この1時間の授業で"という狭く短い視点まで，教科の授業において「何を教えるか」，すなわち**教科内容**は様々なレベルで見ることができる。いずれのレベルにおいても内容が記されているものとして重要なのは**学習指導要領**である。教科内容がどのように記載されているかを具体的に見るために，学習指導要領の一例として小学校第1学年・算数の一部を見てみよう。

　「各学年の目標及び内容」のうち「内容」を見てみると「数と計算」や「図形」といった領域に分かれて記載されている。それら領域の1つである「データの活用」の内容が表3-1のように記されている。

　ここに挙げたのは2017年3月に告示された学習指導要領である。この学習指導要領では，育成する資質・能力を柱とした構成へと変わった。その資質・能力の3つの柱とされているのが，①「知識・技能」の習得，②「思考力・判断力・表現力等」の育成，③「学びに向かう力・人間性等」の涵養，である。各教科の目標ならびに各学年の目標は，この3つの柱と対応した記載となっているが，内容にも3つのうち①②の2つが含まれていることに注意しておきたい。

　というのもおそらく，これらの内容は，「教科内容」と聞いたときにまず想起していたものとは違っているのではないかと想像するからである。思考力をはじめとした"力"を内容とするのに違和感をもつ人も多いだろうし，"知識・技能"についても思っていたものとは異なったイメージではないだろうか。

　ここで改めて教科内容とはどのような概念なのか，確認しておこう。教科内容は例えば以下のように規定されるものである。「教科内容というのは，各教科

表 3-1　学習指導要領（2017 年告示）の一部

> (1) 数量の整理に関わる数学的活動を通して，次の事項を身に付けることがで
> きるよう指導する。
> 　ア　次のような知識及び技能を身に付けること。
> 　　㋐　ものの個数について，簡単な絵や図などに表したり，それらを読み取っ
> 　　たりすること。
> 　イ　次のような思考力，判断力，表現力等を身に付けること。
> 　　㋐　データの個数に着目し，身の回りの事象の特徴を捉えること。

において教授－学習の目標とされ，生徒が身につけるべき知識（概念・原理・法則など）や技能をさす」。この教科内容の説明は，目標と同一のものとされている点，知識や技能に限定されている点など，改めて検討される余地があるものではあるが，ここで重要なことは，知識及び技能にせよ，思考力・判断力・表現力にせよ，直接的に伝えることはできないものが教科内容として規定されている，ということである。

　上述した柴田義松による教科内容の規定のなかで，「知識」の例として概念などが挙げられていることからもわかるように，ここで言われている知識は "1 は「いち」と読む" というような個々の断片的な知識を指しているのではない。概念とはいわば考え方なのであって，"1 つあるとはどういうことなのかという考え方" を指しているのである。同様に，例として並置されている原理や法則についても，原理や法則の単なる名称を教えたり学んだりするようなレベルを意味しているのではない。

　かつて「教えねばならないことは『教えてはならない』」と言った教育学者がいた。一見，矛盾していることを述べているかのように見えるが，既に教科内容という言葉の意味を理解していれば，この言葉の意図はわかるだろう。教えねばならないものとしての教科内容を直接教える無理を象徴的に言い表した言葉なのである。

＊1　柴田義松「教科書の教授学的研究」『成蹊大学文学部紀要』第 27 号，1991 年，86 頁（『教科教育論（柴田義松教育著作集 4）』学文社，2010 年所収）。なおゴシック体は原文ママ。

＊2　吉本均（著），白石陽一・湯浅恭正（編）『現代教授学の課題と授業研究（学級の教育力を生かす吉本均著作選集 5）』明治図書出版，2006 年，159–160 頁。

さらに，この言葉の後には「子どもたち自身が，意欲的に選びとり，能動的に学びとるものにしなくてはならない」と続く。教えなくてはならないが直接教えられないものを，学習者が学びとるようにする必要がある。その難しさを克服するために不可欠となるのが**教材**である。教科内容を前述のように規定した柴田によると，「教科内容の習得のために授業において使用され，教授－学習活動の直接の対象となるものが教材である」と説明されている。そのまま教えることのできない教科内容に対して，学習の直接の対象となるものが教材である。

教材には様々なものがある。算数セットのなかに入っているおはじきや，理科の授業で扱われるタンポポなど，典型的で一般に流布している教材はいくつも思いつくだろう。しかし教材にはそのような一般的ではないものもたくさんある。例えば，ポテト やトイレットペーパー も教材になる。ここで注意しておきたいことは，それらは教材"になる"ということであって，それ自体が教材"である"わけではないということである。柴田による教材の規定にあるように，教材は教科内容の習得のために使用されるものである。すなわちその教科内容を規定しなければ教材にはなり得ない。また，その教科内容は 1 つに限られるわけではない。例えばトイレットペーパーを教材としても，「自分や家族の消費生活が環境や社会に及ぼす影響について理解する」（中学校学習指導要領「第 2 章 各教科」「第 8 節 技術・家庭」における「家庭分野」「2 内容」C (2) ア）という教科内容も，「極限や定積分の考えを基に，立体の体積や曲線の長さなどを求める方法について考察する」（高等学校学習指導要領「第 2 章 各学科に共通する各教科」「第 4 節 数学」「第 2 款 各科目」「第 3 数学Ⅲ」2 (3) イ（イ））という教科内容もあり得る。

＊3 同前。
＊4 柴田，同前掲。
＊5 ジャガイモ生産の歴史をひもとき，企業の多角経営や貿易などについて学ぶ授業。
  千葉保『授業——日本は，どこへ行く？』太郎次郎社，1991 年，135–158 頁。
＊6 千葉喬子「トイレットペーパーの授業」『ひと』第 21 巻第 1 号，1993 年，128–140 頁。

2. 主たる教材としての「教科書」の位置

　その意味では，ありとあらゆるもの・ことが教材となり得るわけだが，教材のなかで最も頻繁に使われているものは教科書（教科用図書）であろう。教科書は「小学校，中学校，義務教育学校，高等学校，中等教育学校及びこれらに準ずる学校において，教育課程の構成に応じて組織排列された教科の主たる教材」（教科書の発行に関する臨時措置法第 2 条）として位置づけられている。「むしろほかのさまざまな教材を使う実践の方が教育的により価値があり，優れた実践だと見られるくらい[7]」など，「主たる」という点に問題を指摘する論もあるものの，小学校などにおいては「教科用図書を使用しなければならない」（学校教育法第 34 条など）とされている。いずれにしても，ここで確認しておきたいのは，教科書が教科内容ではなくて教材である，という点である。このことは，「教科書を教えるのではなく教科書で教えるのだ」という，わが国で実践現場においても語り継がれている言葉にも表れている。

　この言葉に具体的な単元を当てはめるならば，「ごんぎつねを教えるのではなく，ごんぎつねで教えるのだ」あるいは「電池とイオンを教えるのではなく，電池とイオンで教えるのだ」となる。教材と教科内容の同一視，すなわち「教材＝授業の目標化」がいかに蔓延しているかがわかる。

　教材と教科内容を同一視することは，教えることや指導の自己目的化につながる。「なんでこんなこと学ばなくちゃいけないの？」という声は，教えることや指導の自己目的化に対する子どもたちからの訴えである。「何でこんなこと学ばなくちゃいけないの？」という問いに対して，どのように答えるだろうか。

3. 教科内容＝教授目標を考える 2 つの立場

　「なんでこんなこと学ばなくちゃいけないの？」ということを考えるために，

＊7　柴田，同前掲，84–85 頁。

必要な概念として，実質陶冶と形式陶冶がある。

> 客観的側面と主観的側面，すなわち知識の習得を主とする内容的側面と
> 知識に働きかける能力の育成を主とする形式的側面とが区別される。前者
> を〈実質陶冶〉とよび，後者を〈形式陶冶〉とよんできた。[8]

　内容的側面を重視する考え方を実質陶冶，能力の価値を重視する考え方を形
式陶冶と呼んでいるのである。具体例を挙げよう。三角関数はなぜ学ばなくて
はならないものとされてきたのだろうか。実質陶冶の立場から考えるならば，三
角関数の内容それ自体に価値があるからと答えられる。では，なぜその内容に
価値があるのかについては，例えば解析学のなかで様々に応用可能な基礎的内
容だから，という理由や，日常生活のなかで測量をする際に使用されるから，な
どの理由が考えられる。他方の形式陶冶の立場から考えれば，三角関数を学ぶ
過程のなかでつけられる能力に価値があるからと答えることができる。その能
力には，例えば論理的思考力や抽象的操作能力などが挙げられよう。
　教材と教科内容の同一視や教えることの自己目的化が生じる背景には実質陶
冶と形式陶冶という両側面のうち，実質陶冶への偏りがある。
　その一方で，PISA リテラシーやコンピテンシーなどの新たな能力カテゴリー
の登場とともに，今日の学力論の趨勢は形式陶冶の側面を強調するほうにある。
この傾向に対しても多くの問題点が指摘されている。例えば，これら新たな能
力を「ポスト近代型能力」と名づけ，従前から存在する「近代型能力」と比べ
て「さらにいっそう，個々人の生来の資質か，あるいは成長する過程における
日常的・持続的な環境要件によって決まる部分が大きいであろうということ[9]」
の指摘などは，「受験格差」の問題が叫ばれている今，現実となりつつある。さ

＊8　細谷俊夫『教育方法　第4版』岩波書店，1991年，8頁。
＊9　本田由紀『多元化する「能力」と日本社会——ハイパー・メリトクラシー化のなかで』NTT出
　　　版，2005年，23–24頁。

らに，教育内容と教材の関係を考えるうえでは，「コンピテンシー志向の授業において，教育内容をコンピテンシー獲得の手段へと位置づけたり，テーマを規定する教育目標よりも，獲得するための方法が上位に位置づけられてしまうような問題」[*10]という指摘はとりわけ重要な視点である。何を教えるのか，何が学ばれるのかといった内容が後景に退く，活動主義，態度主義に陥る危険性がある。

　いずれにせよ，実質陶冶と形式陶冶の両側面を関係的に捉えることが，「なぜ学ばなくてはならないのか」に応答するためには必要となるのである。

■ 4. 授業準備の核としての教材解釈

　教育実習をはじめ，色々な場所で「教材研究が大事だ」としばしば言われる。そこで言われる「教材研究」とは何だろうか。

　　教材研究とは，教材の本質を深く理解した上で，その教材を通して学習者にいかなる能力（自然・社会・文化などに関する知識・技能・態度）を身につけさせるか，そして，そのためにどのような授業を構成していくかを考えることである。そこには，学級や学習者の実際の把握，教材の選定・開発とその検討，教師の願いや授業目標の明確化，授業計画（展開案），指導・評価のあり方などに関する総合的な判断が求められる。教師の専門的な力量として，教材研究の力は極めて重要な位置を占めている。優れた授業になるかどうかは，ひとえにそれにかかっているといってもよい。[*11]

この定義を見てもわかるように，教材研究は教育内容と授業づくりをつなぐ

＊10　高橋英児「現在・未来を生きる子どもに必要な教育とは？」ドイツ教授学研究会（編）『PISA後の教育をどうとらえるか──ドイツをとおしてみる』八千代出版，2013 年，48 頁。
＊11　鶴田清司「教材研究と教材解釈」日本教育方法学会（編）『現代教育方法事典』図書文化社，2004 年，207 頁。

段階であり，どのような授業にするかを決定する，教師にとって重要な仕事であり続けてきた。

　教育内容を何で教えるのかを決定する教材研究には本来，どのような教材にするかという教材選択や教材開発が含まれる。しかしながら前述のように主たる教材である検定教科書が大きな位置を占める現状では，「与えられた教科書教材を前にして，その学習を通しどのような知識・技術を子どもに習得させるかを考える教材解釈」[*12]のほうが一般的である。この傾向はますます顕著になり，教材研究の縮小と権威依存によって「教科書どおりの授業が量産され，金太郎飴のような個性のない授業がうまれている」[*13]という重要な指摘もある。

　むしろ，「教科書どおりの授業で，他の学級と同じ均質な授業でよいではないか」と見る向きもあるかもしれない。だが，授業は教師のみがつくるものではなく，教師と子どもがともにつくりあげるものという側面もある。一人ひとりの子どもも違う存在であれば，学級も一つとして同じ学級は存在し得ない。学級や子どもに寄り添った授業をつくろうとするならば，一人ひとりの教師の教材解釈によって，些細であっても独自性のある授業づくりが求められているといえよう。

　教材解釈の方法は1つに決められるような性質のものではないが，その手がかりとして，2つの視点を次節に挙げておこう。

■ 5. 教材解釈の視点（その1）── 教科のベースとなっている学問から

　多くの教科には，そのベースとなっている学問（分野）がある。例えば，算数であれば幾何学，社会科には政治学といったようにである。現行の学習指導

＊12　柴田義松「教育の方法・技術とは何か」柴田義松（編著）『教育の方法と技術』学文社，2001年，22頁（『授業の原理（柴田義松教育著作集6）』学文社，2010年所収）。
＊13　子安潤「画一化の対話と討論をここから変える」『生活指導』第741号，2018年，51頁。

要領においても強調されている各教科等の特質に応じた物事を捉える視点や考え方，いわゆる各教科の見方・考え方を大きく規定するものがこの学問（分野）である。その際，「『見方・考え方』は各教科の背後にある『親学問』に固有な知識生成の方法論や認識論的立場，いわゆるディシプリンないしはエピステモロジーを基盤にしている[14]」と言われるように，学問の対象や内容ではなく，方法や認識の仕方として学問が見られていることが重要である。つまり，教材解釈する際に，学問のなかで学者・研究者が扱っているものを参照するのではなく，学者や研究者がどのように扱ってきたのか，学者や研究者ならばどのように扱うだろうか，という視点からの解釈が考えられる。

　このことは難しく感じられるかもしれないが，日常の実践のなかでも見られる視点である。以下はある中学生の日記である。

　　今日は，理科と数学がありました。理科では，「消化」，数学では「式の値」をしました。数学は文字が二つ出てきて，代入して……。答えが違ってるんじゃない？　と思うくらい難しい式が簡単になってびっくりしました。方程式くらいから思っていたけど，これを考えた人はすごいと改めて思いました。（…中略…）何でも考えてみると不思議なことばかりだと思いました。何気なく学んでいるけど，それを考えついた人ってすごい努力をしたり，すごく大変だったのではないかと思いました。感謝，感謝。[15]

　それに対して学級担任として制野俊弘は学級日誌で以下のように応答している。

　　考えてみれば学校の勉強ってこんな不思議なことをたくさん勉強するってことなんだよ。世の中の不思議なこと，昔の人たちが頭を悩ませて，考

＊14　奈須正裕「『見方・考え方』を鍛える授業」『内外教育』第6641号，2018年，4頁。
＊15　制野俊弘『子どもの言葉が教えてくれる』新日本出版社，2021年，22–23頁。

えて，考えて，見つけ出した不思議をたくさん集めて学校で教えてるってことなんだ。人類の文化遺産をぐーっと凝縮して，コンパクトにそのエキスを教えているのが学校だと思うなあ。[16]

　学校で教えられる事項の多くは，学者らが明らかにしたことである。その明らかにしてきた結果のみならず，その結果にいたるまでの過程を学者らが明らかにした過程に近づけようとする視座が，教材解釈の1つの視点として挙げられる。「知的活動は，知識の最前線であろうと，第三学年の教室であろうと，どこにおいても同じものである」として「物理を学習している男の生徒はいわば物理学者なのであって，その生徒にとっては，物理学者がするように物理を学習することのほうが，ほかのなにかをするよりも容易なのである」[17]というブルーナー（Bruner, J. S.）の指摘は今なお，重要である。

　このことは自然科学に限ったことではない。例えば歴史学習においても，学習者は正解とされている結果のみを学ぶのではなく，史料を読み解いて色々な価値判断を行うような授業がもはや一般的である。そもそも教科書もそのようなつくりになっている。そのような歴史研究者が行っているような営みを授業のなかで部分的だとしても再構成するためには，教師の教材解釈も正解を結論として見るのではなく，なぜそれが正解とされているのかという過程から批判的に捉える必要が当然ある。

■6. 教材解釈の視点（その2）――学習者の立場から

　もう1つの視点としては，学習者とりわけ子どもの立場から，というものである。大まかではあるが，この視点はさらに2つに分けられる。

　第一には子どもの認識からである。教材を，子どもたちならばどう読むだろ

＊16　同前，23頁。
＊17　J. S. ブルーナー，鈴木祥蔵・佐藤三郎（訳）『教育の過程』岩波書店，1963年，18頁。

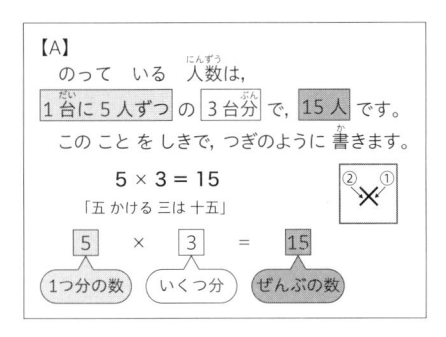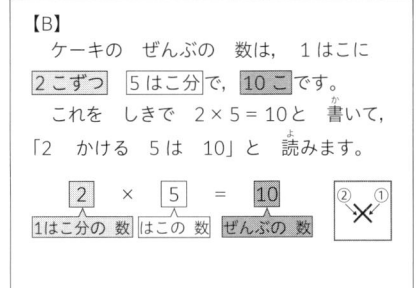

図 3-1　算数教科書におけるかけ算の説明

出所：A：『新編　新しい算数 2　下』東京書籍，2014 年検定，6 頁。
　　　B：『みんなと学ぶ小学校算数　2 年　下』学校図書，2014 年検定，9 頁。

うか，と想像しながら読むということである。例えば，小学校 2 年生の算数の
教科書のうち，かけ算の意味を説明した部分をどのように読むだろうか（図3-1）。

　違いはいくつもあるが，最も大きな違いは被乗数と乗数を「1 つ分の数」・「い
くつ分」と表しているか，「1 はこ分の数」・「はこの数」と表しているかである。

　1 箱，1 袋，1 台など様々な単位を抽象化した A の教科書で教えるならば，日
常生活で出会わない「1 つ分がいくつ分」といった算数特有の言葉の使い方に
戸惑う子どもがいるかもしれない。一方の B のほうでは，1 はこに何個入って
いるか，何箱あるか，など日常生活でも出会う表現であり，この部分はスムー
ズに認識できるかもしれないが，その後様々な単位を帰納的に考察し，かけ算
は「1 つ分がいくつ分」ということなのだという考え方を理解するところにつ
まずくかもしれない。

　というように，A にしろ，B にしろ，子どもならばどう見るかという視点か
ら読むことで，授業のなかで何を補完しなければならないかという展開まで考
えられる必要がある。それはいきなり 1 種類の教科書だけを読んでも難しいこ
とであり，そのためにも教材解釈の第一歩としては複数の教科書を比べながら
読むということを強く勧めたい。

　第二には子どもの興味・関心からである。子どもの興味・関心という視点か
ら教材解釈を行う，ということはしばしば言われることであるが，問題はどの

ような教材が子どもの興味・関心に合うのかということである。子どもを引きつける数々の教材を開発した有田和正は「だれでもかならずくいつくネタの条件」[18]として，視覚に訴えかけるもの，仕掛けがあること，身近なものであること，を挙げているが[19]，この3つ以外にもたくさん考えられるだろう。

　その際，子どもの興味・関心を固定化して，子どもの興味・関心のほうに教材を合わせようとするのではなく，子どもの興味・関心を生み出す教材のあり方が重要となる。

　ある小学校で，学年で野菜を栽培する活動があった。ある若い教師が「さぁみんな，この畑に何を植えたいかな？」と訊ねた。子どもたちは，「スイカ」など，好きな食べ物を答えたり，またその答えに対して反応（「メロンのほうがよい」などなど）したり，収拾がつかなくなりかけていた。そんなときに，それを見ていた別の先生が「世界で一番多く作られている穀物って何でしょう？」と子どもに投げかけた。いつも食べている「お米」や「小麦」という回答がほとんどのなか，「実はトウモロコシなんだよ」とその先生は言い，「小麦とか米よりも世界で多く作られているトウモロコシのなかで，いっちばん甘い品種のトウモロコシの種がこれです。ハニーバンタム，ハニーって聞いたことある？　そうはちみつ。はちみつみたいに甘いのかなぁ，食べてみたいねぇ！」と続けた。おそらく，「何植えたい？」と訊かれた時点では，ほとんどの子どものなかにトウモロコシへの興味・関心はなかっただろう。しかし，先生の語りによって興味・関心が創り出されたわけである。すでに子どものなかに存在している興味・関心に寄り添うこと以上に，創出するという視点が求められる。

＊18　生徒の興味を引きつけ，考える意欲を引き出せるおもしろい教材を有田は"ネタ"と呼んでいる。
＊19　有田和正『教え上手』サンマーク出版，2009年，126–128頁。

▶▶▶**Book Guide**

有田和正『教材発掘の基礎技術』明治図書出版，2015 年。
1987 年に発行された同書の復刻版。教職の多忙化が問題となっている今日，現地まで赴いて教材を見つけ深めることなど，実現は難しいが，その見方や考え方は今なお重要である。

鶴田清司『なぜ「ごんぎつね」は定番教材になったのか』明治図書出版，2020 年。
「ごんぎつね」の内容，「ごんぎつね」の背景，「ごんぎつね」をどう子どもたちは受け止めるのかなど，「ごんぎつね」をめぐって広くかつ深い考察を見ることができる。国語の教員のみならず，教材研究・教材解釈の奥深さを感じられる本。

▶▶▶**Key Word**

教科内容／教材／教科書／学習指導要領／教材研究／教材解釈

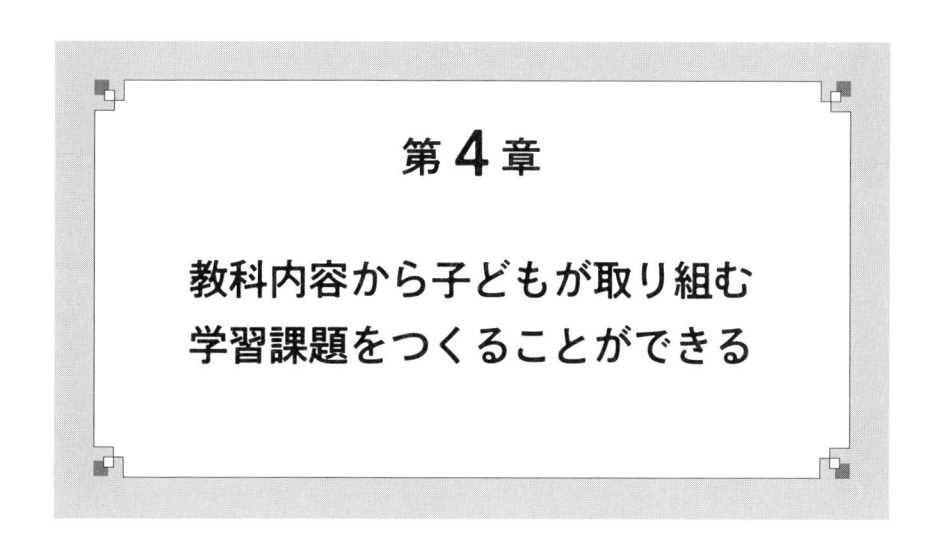

第4章

教科内容から子どもが取り組む
学習課題をつくることができる

Introduction ⋯⋯⋯⋯⋯⋯⋯⋯⋯⋯⋯⋯⋯⋯⋯⋯⋯⋯⋯⋯⋯⋯⋯⋯⋯⋯

　小学校や中学校では特に，学習課題とともに始まる授業が多い。例えば，国語では「なぜ太一は微笑んだのだろうか」であったり，算数では「くり上がりのあるたし算のやり方を考えよう」であったり，何かしらの課題が多くの授業で提示されている。

　なぜ，授業は課題から始められることが多いのだろうか。また，その課題のなかにもよい課題とよくない課題があるのだろうか。あるのなら，よい課題とはどのような課題なのだろうか。そしてそれはどのようにつくられるのだろうか。このようなことを，本章では考えてみたい。

⋯⋯⋯⋯⋯⋯⋯⋯⋯⋯⋯⋯⋯⋯⋯⋯⋯⋯⋯⋯⋯⋯⋯⋯⋯⋯⋯⋯⋯⋯⋯⋯⋯

■ 1. 学習にとって課題とは何か

　若手教員向けに書かれた多くの書籍や各地で見られる「授業スタンダード」でも，授業の始めに**課題**をつかませることの重要性は指摘されている。また，これまでの日本の授業研究でも授業における課題の意味は重視されてきた。そこでは，課題提示をはじめとする「授業中になされる教師の問いかけ」である「**発**[*1]

問」について，研究が蓄積されてきた。

　改めて考えてみると，「発問」とは耳慣れない言葉である。日常生活のなかでしばしば使われる問いかけを表す言葉としては「質問」があるが，なぜ「質問」ではなくて「発問」という言葉が使われ続けているのか。それは，授業中の問いかけを日常における問いかけから分けて考える必要があるからにほかならない。質問は，ある事柄について知らない人がそのことについて知っているだろう人に対して問う行為である。その目的は言うまでもなく，その事柄について知ることである。対して，発問は，多くの場合，教師が児童生徒に尋ねるわけであるから，ある事柄についてむしろ知っている人が，そのことについて知らないであろう人に対して問う行為となる。なのでその目的は，質問の目的とは異なる。

　ではなぜ教師は授業中に問うのだろうか。あるいは，なぜ授業は課題から始められることが多いのか，なぜ授業が課題から始めたほうがよいとされているのだろうか。

　このことを考えるために，この章の冒頭にある Introduction を例にしてみたい。書き出しは，「学習課題とともに始まる授業が多い」という平叙文であった。これを「小学校や中学校の授業をふり返ってみて，何から始まることが多かっただろうか？」という疑問文で書き出すことも可能である。つまり，課題を投げかけるスタイルに変えることができた。

　この 2 種類の書き出しでどのような違いが生じるかを考えれば，課題のもつ機能，授業が課題から始まることが多いことの理由がわかるだろう。疑問文で問いかけたほうには，これまで受けた授業を想起させ得る機能がある。聞いたり読んだりするだけでは流されがちなことでも問われることによって立ち止まって思い出したり考えたりすることができる。その他にも授業開始時点での**学習課題**の利点はいくつも思いつくだろう。しかしその一方で，その「何から始ま

＊1　豊田ひさき「発問」恒吉宏典・深澤広明（編）『授業研究　重要用語300の基礎知識』明治図書出版，1999年，183頁。

ることが多かっただろうか？」という課題に対する答えには「号令」や「先生の雑談」なども考えられ，その場合，誘いたい"課題"という内容とは別の話題に逸れてしまう危険性もまた生じることにもなる。

　別の話題に逸れることが常に悪いわけでもないが，その課題提示がどのような意図をもってなされているかによって，適切な課題のあり方は変わってくる。課題提示の背景にある意図を捉えるために，そもそも多義的に使用されている「課題」にはどのようなものがあるのかを，次節では示しつつ考察していこう。

■ 2. 学習課題の種類

(1) 主題（テーマ）としての課題＝抽象レベルの学習課題

　「課題」という言葉には「与える，または与えられる題目や主題」（『大辞泉』）という意味がある。授業の冒頭で示される課題にも題目や主題，すなわちタイトルやテーマとなっているものがある。それは例えば，作文や図画工作など，作品をつくる授業で何らかのテーマが提示されることなどが挙げられよう。

　自由に書く／描くということは何らかのテーマが与えられるよりもむしろ難しい。夏休みの自由研究でテーマ選びに苦労した経験が多く語られることがその証左であろう。その難しさの 1 つである，内容を選択するという障壁を取り除く機能が，テーマとしての学習課題には，ある。

　しかしながらそのような個別に進めるような学習以外の授業でも，テーマとしての学習課題しか提示されていないことがある。例えば，小学 5 年生の社会科の授業のなかで「わたしたちの生活と食料生産」など，授業の主題を示すのみの学習課題である。このような学習課題の提示は，見方を変えれば，教師がもっている教えたい内容をそのまま課題にしてしまっているということになる。「わたしたちの生活と食料生産について教えよう」という教授目標を直接示したからといって，「わたしたちの生活と食料生産について学ぼう」という学習目標を子どもたちが立てるようになることは残念ながら稀である。

　教授目標は学習目標に書き換えられねばならない。そのためには次項以降の

ように学習課題を捉える必要がある。

(2) 果たすべき課題＝具体レベルの学習課題

　「わたしたちの生活と食料生産」というテーマとしての課題が示されたからといって，学習者の学習目標設定にそのままつながらない原因の 1 つには，この課題が学習者の思考や行動に何の指示も促しもしていないことが挙げられる。この問題を解決するためには，学習者が何をしなければならないかを明確にするという方法が 1 つ考えられる。「わたしたちの生活と食料生産」が主題としての学習課題であったとすれば，学習者が果たすべきことを明確にした学習課題は「わたしたちの生活と食料生産について調べよう」などとなる。テーマとしての学習課題に対して，この学習課題はタスクとしての学習課題と位置づけられる。

　果たすべき課題が教師から提示されるような学習は一見すると学習者にとって忌避したいものと捉えられるかもしれないが，そうとも限らない。

　小学校教師である林真未は「子どもたちにとっては，ゲームやテレビでなじみ深い単語」である“ミッション”という言葉を使っているという。ある小学校 2 年生の「めあてさえなければ，がっこうはたのしいのに……」というつぶやきから，「子どもたちは日々学校の先生たちに『めあてをもって』と言われることにウンザリしているらしい」と気づく。そして，「めあて」の代わりに「ミッション」という言葉を使うことを林は思いついたのである[*2]。

　もっとも，めあてをミッションという名称で示しさえすれば子どもたちはのってくる，というわけではもちろんない。ミッションという言葉がうまく機能する条件としては，達成の具体性がある。「こうやって終わりを示してあげると，達成するのはいつで，そのときどんなふうになるのかというイメージが明確になるので，子どもは，そこへ向かって安心して学習します」[*3]。要するに達成可能

＊2　林真未『子どものやる気をどんどん引き出す！　低学年担任のためのマジックフレーズ』明治図書出版，2021 年，26 頁。

な**目標**，そしてそこに達するまでの方法が具体的に提示されていれば，学習者にとって取り組みやすく，達成しやすい課題となり，結果，「ミッションクリアー！」という達成感を得やすくなる，というわけである。

　その観点から考えると，先ほど例として示した「わたしたちの生活と食料生産について調べよう」という学習課題は，なお抽象的すぎる課題と言わざるを得ない。往々にして，「調べよう」といわれても，どのように調べればよいのか，どの時点で達成したといえるのかがわからないからである。

　ここで抽象的な目標を具体的な目標へと書き換える際に，知っておかねばならないのは，方向目標と到達目標という目標の種類である。方向目標とは，「教育活動の結果として，学習者に期待される望ましい変化の方向を示したもの[*4]」である。例えば「数学的な見方・考え方ができる」といった表現がこの方向目標にあたる。「西に向かおう」という方向のみを示した目標のもと，ずっと西に向かってもゴールがないのと同様に，数学的な見方・考え方にもゴールはない。他方，到達目標は「1 時間ごとの授業や単元の授業などの終了時に子どもが到達すべきめあてを具体的で明確な目標として表したもの[*5]」と説明される。つまり，到達することが可能な内容が明示されている目標である。先ほどの例と対比的に例示すれば「長崎県にたどり着くことができる」という目標が到達目標となる。学校教育でいえば，「3 けた同士のたし算ができる」という目標が到達目標となる。より具体性を高めようとするならば，「30 秒以内で」など時間だったり，「8 割以上」など正答率だったりで，さらなる制限をつけることも考えられる。

　このように方向目標ではなく到達目標として，具体的な課題を与えられたほうが学習者を戸惑わせることなく学習に向かわせることができるといえよう。しかしながら，何でも具体的な課題を与えることに含まれる負の要素も考えられ

---

*3　同前，27 頁。
*4　山崎雄介「方向目標」日本教育方法学会（編）『現代教育方法事典』図書文化社，2004 年，293 頁。
*5　大津悦夫「到達目標」，同上，292 頁。

なければならない。ホルト（Holt, J.）は，小学校5年生のクラスの観察者・教師となった経験を次のようにふり返っている。

> 子ども達にとっては，学校の中心的な仕事は，学習（中略）ではない。それは，日々の課題を片付けることであり，あるいは少なくとも，最小の努力と最小の不快をもって，どうにか，けりをつけることなのだ。個々の課題がそれ自体，目的そのものなのだ[6]。

この記述は，半世紀以上前のアメリカのクラスに関するものである。しかしながら，新型コロナウイルスの感染拡大によってLMS（Learning Management System：学習管理システム，MoodleやGoogle Classroomなど）が一般化したり，あるいは個別最適化された学びが求められたりしている近年の日本の状況からすれば，むしろ新鮮な指摘でさえある。

特にその課題が具体的であればあるほど，何のためにその課題に取り組まねばならないかという子どもにとっての学習の目的は後景に退く。そしてその課題を処理することが自己目的化してしまう危険性を内包することになるのである。

学習することと課題を片づけることとの同一視を克服するためにも，学習者にとっての問題（疑問・問い）となるような学習課題をもたせることが重要になるのである。

（3）解決したい課題＝学習者が設定する学習課題

もうひとつの課題のあり方としては，未解決の問題，少なくとも学習者にとっては未解決であって解決したくなったり解決せねばならなかったりする問題，すなわちプロブレムとしての学習課題が考えられる。

---

[6] ジョン・ホルト，吉田章宏（監訳）『子ども達はどうつまずくか（評論社の教育選書14）』評論社，1981年，45頁。

　私たちが知りたい，追究したいと願うとき，そこには自身にとって未解決の問題がある場合が多い。しかしその逆は成立するとは限らない，すなわち未解決の問題があるからと言って，必ずしも知りたい，追究したいと願うわけではない。例えば，壮大すぎたり解決に何の手がかりもなかったりするような課題や，逆に矮小すぎてすぐに解決できてしまうような課題は興味や関心をひくことはない。その意味で課題には適切な設定の仕方があるといえる。

　問題を解くことと並んで問題を見つけることの重要性は様々なレベルで指摘され続けてきた。2017 年に改訂された学習指導要領において，学習の基盤となる資質・能力の 1 つに問題発見・解決能力が挙げられている。その意味でも，教師をはじめとした他者から提示された課題を解決するのみならず，学習者自身で課題を設定することのできるようにする必要がある。

　師問児答から児問児答へという表現でその転換の必要を指摘した柴田は以下のように述べている。

　　　授業では，いつも教師が問い，子どもが答えるという授業パターンを打ち破る必要がある。子どもたちが自ら問い，みんなでその問いについて考え，話し合い，追究するというように，授業の基本的あり方を変えていかねばならない。ただし，何を問うか，価値ある問いは何かは，それ自体重要な問いであり，学問を学ぶことの意義も教師の指導の必要性もそこにこそある。[*7]

　教師が出した課題に取り組むだけでは，子どもに問う力が育つことはない。しかし，前述したように，課題を設定するということは，自然発生にできることではなく適切なやり方がある。そこで，その課題をともに吟味することによっ

＊7　柴田義松「学び方はどのようにして身につくか」柴田義松（編）『学び方を学ぶ　小学校中学年編（総合的学習の基礎づくり 2)』明治図書出版，2000 年，18 頁（『学び方学習論（柴田義松教育著作集 7)』学文社，2010 年所収）。

て，問い方，課題の出し方を学ぶ契機にする必要がある。

　どのように問えばいいのかわからない子どもたちに対して，教師が問うてみる，教師の発問にはそのような一面もあるのである。豊田久亀は「発問によって子どもに問い方を教え，彼らに問う力を形成することを目ざす発問の萌芽は，槇山栄次にみられる[*8]」として，彼の発問観を次のようにまとめている。

　　あくまでも問うのは子どもだ。しかしまだ子どもは問い方を知らない。だから，教師は子どもに問い方を教えていくために発問する。この点で，教師の問はいつも子どものそれの「代理問」だ。教師は自己の発問を子どもの「代理問」として意識し，授業においてこの代理の問，すなわち代理発問を意図的，体系的に仕組んでいくことによって子どもに問うことを教えることができる[*9]。

　子どもの問いに通じる代理発問という側面を忘れた課題設定は，結局学習者にとっての問題とはならないのである。

▍3. 発問の分類

　子どもたちに考えたいと思わせる，興味を引いたり，考えるきっかけを与える学習課題も授業のなかで日常的に多く提示されている。教師としては学習者にとって問題となるような学習課題をつくり出すことができるようにならねばならない。そのために，学習者にとって問題となるような学習課題にはどのようなものがあるのか，発問研究の成果とともに知っておく必要があるだろう。発問をいかに分類するかにも様々なものがあるが，ここでは2つ挙げておきたい。

＊8　豊田久亀『明治期発問論の研究——授業成立の原点を探る』ミネルヴァ書房，1988年，246頁。
＊9　同上，248-249頁。

(1) 問い方による分類

　発問づくりのためにどのような観点から問うかという点で分類したものが，限定発問，類比発問，否定発問という吉本均による分類である[*10]。

　「無限定や無方向な発問では，子どもたちの意見がそれぞれについて拡散的に，また羅列的にだされてしまい論争やからみ合った思考をねりあげることができなくなる[*11]」として，限定することによる発問づくりのあり方をまず挙げている。教育実習生の授業などでしばしば見られるのが，「何でもよいからどうぞ（しゃべってごらん）」というような指示である。教室での沈黙に耐えられないがゆえにこのような指示に至るのではないかと推測される。しかしながら前節の冒頭でも述べたように，自由さは却って難易度を上げてしまうことにもなり，またその指示に忠実に従って出された拡散した発言は収拾させることが難しい発言でもある。考えさせるための足場かけ（スキャフォルディング）のためにも，限定することによって，有効な発問が導かれる。先の「わたしたちの生活と食料生産」で考えるならば，「『米の生産量が消費量を上回り，米が余っている[*12]』と書かれているのに，次のページにある食料の自給率のグラフでは米の自給率はなぜ100%じゃないんだろう？」など，様々なものが考えられる。

　類比発問は「互いに類比したものを意図的に提示したり，とりあげたりすることによって，両者のちがいを分析・比較させる[*13]」発問である。「考えるためには2つ以上の意見が必要[*14]」と言われる。1つのものだけを対象にして考えることも，全く違うものを並べて考えることも困難である。類似したものを並べ，どこが同じでどこが違っているのかを挙げることは考えることの第一歩となる。「AとBはどこが違う？」「AがもしBだったらどうだろう？」「なぜBではなく

* 10　吉本均（著），阿部好策・小野擴男（編）『集団思考と学力形成（学級の教育力を生かす吉本均著作選集2)』明治図書出版，2006年，124–125頁。
* 11　同上，124頁。
* 12　『新編　新しい社会5　上』東京書籍，2023年検定，114頁。
* 13　吉本，同前掲，124頁。
* 14　白石陽一「授業形態とアクティブ・ラーニング」子安潤（編著）『教科と総合の教育方法・技術（未来の教育を創る教職教養指針7)』学文社，2019年，88頁。

Aなんだろう？」といった類比する思考は発問づくりにおける基本といえる。「わたしたちの生活と食料生産」でいえば，「養殖と栽培漁業で違うところはどこでしょう？」といった発問が考えられる。

　最後の否定発問は「まったくの反対物・対立物を提示することによって，それの否定をとおしてAがAであることの必然性をたしかに認識させようとするもの[*15]」である。授業研究における「ゆさぶり」と呼ばれる問い返しがこれに当てはまる。子どもが「AはAだ」と正解であるものの浅い認識であるときに，「いや，違う」と否定をすることで，「AはBではなくやはりAなのだ」という深い認識へと導くことを意図した発問である。

　「本当に？」「そうじゃないんじゃないか？」などの教師による問い返しは，日常的に行われている。しかし，単に「本当に？」と問われても子どもたちが「本当だよ」としか答えようもない発問は有効な否定発問とはなっていない。大切なのは，その後の「なぜ違うといえるのか」という根拠であり，その説得力がなければ子どもの思考を喚起する発問にはなり得ない。例えば，「農家の人はいろいろな工夫や努力をしている」という認識に子どもたちが達したときに，「でも，教科書の○ページには機械化が進んでいる，と書いているよ。機械を入れるということは工夫や努力をしなくてもよくなるということなんじゃないの!?」という否定発問が考えられる。そのことによって，農家の工夫の時代的変化やより具体的な手立てを学習する契機となり得るのである。

(2) ねらいによる分類

　古藤泰弘は発問をそのねらいから4つに分けた。それぞれねらいとともに記すと以下のようになる。拡散的発問＝学習課題の把握・次の学習局面への布石，対置的発問＝思考活動の誘発，収斂的発問＝授業のスムーズな展開，示唆的発問＝授業の停滞からの脱出，である[*16]。

＊15　吉本，同前掲，125頁。
＊16　古藤泰弘『教育方法学の実践研究』教育出版，2013年，72頁。

　平沢茂は，この分類を対応する答えられ方という視点とともに説明をしている[17]。

　求められる答えが多数あり得る発問が拡散的発問である。発問によってイメージや思考を広げ（拡散させ）ようとするものであり，授業の導入や授業の局面が変えようとする際に用いられる。

　求める答えが，2つ（ないし3つ）の対置する答えになるような発問が対置的発問である。「どちら」（あるいは「どれ」）で訊ねる発問には，学習者自身が，賛成や反対といった立場に立つことが求められる。それは，どちらか一方に立つように迫る，という意図ではなく，自身の考えが曖昧に整理できていない学習者に対する手助けの1つとして考えられねばならない。その意味で，「発言しない理由が，自分の思いや考えをどのように皆に伝えることばにしてよいのかわからない場合，発言の形があれば話し易」[18]くする発言形式の利点と多くの部分で重なっている。

　収斂的発問は，正答が1つに絞られている発問である。収斂的発問は多くの教室で見られる。「［発問］（5＋6はいくつですか？）→［正答］（11です）→［評価］（はい，正解)」という流れは，一問一答式の問いかけとして多くの場合，乗り越えられる必要があると捉えられてきた。しかし，すべての収斂的発問が悪い発問というわけではなく，授業のまとめの場面で学習した内容を確認するためには必要となるものである。

　最後の示唆的発問は，「授業の停滞からの脱出」をねらいとした発問であった。つまり，授業のなかで，意見が出なかったり，話し合いが堂々めぐりになったり，そんな状況で「こういう考えはどうだろうか」といったような問いかけを意味している[19]。つまりは，いわゆるヒントと考えれば，わかりやすいだろう。

＊17　平沢茂「学習意欲を引き出す工夫と授業技術」平沢茂（編著）『三訂版　教育の方法と技術（教職課程シリーズ）』図書文化社，2018年，101–102頁。
＊18　杉山直子「発言形式」恒吉宏典・深澤広明（編）『授業研究　重要用語300の基礎知識』明治図書出版，1999年，141頁。
＊19　古藤泰弘「授業の方策と技術」沼野一男ほか『教育の方法と技術』玉川大学出版部，1986年，106頁。

以上，2つの発問の分類を見てきた。授業で繰り広げられる膨大な問いかけを明確に判別することは不可能であり，そもそもその試みは有意義でもないように思われる。どの問いかけがどの種類の発問に当てはまるのか，と区別を明確にするための分類でなく，問いかけるねらいに合った問いかけになっているかという省察，あるいはよりよい課題設定の方法はないかという改善のためには，これらの分類は今なお有効といえよう。

■ 4. 授業展開を見通した課題設定の構想

　発問を含め学習課題を提示したら，授業が完成するわけではない。また，何らかのねらいとともに学習課題を設定することは，取りも直さずその後の展開から課題を考えねばならないということを意味している。

　多くの教師は，教師が与えた学習課題に対し子どもたちはどのように考え反応するだろうかと予想しながら学習課題を構想する。その予想する行為や，予想される，無反応も含めた反応は「応答予想」と呼ばれ，授業構想のために，重要視されてきた。

　ある課題に対し，すべての子どもが正答を言うだろうという応答予想をする人はまれであろう。もし，そのように応答予想をするならば，その授業をする意味がないからである。むしろ，応答予想は誤答（**まちがい**）を構想するために行われるものである。その際，誤答は正答でないものとひとくくりにされるのではなく，どのように間違えるかという多様な誤答として構想される必要がある。なぜならば，その間違え方によって，正答への指導の道すじが変わってくるからである。

　また，日本の授業研究では誤答の多様性を授業のなかで生かそうとしてきた歴史がある。古くは斎藤喜博による「○○ちゃん式まちがい」などの実践や，教室で目にすることの多い「教室はまちがうところだ[20]」という掲示に象徴されて

＊20　蒔田晋治（作），長谷川知子（絵）『教室はまちがうところだ』子どもの未来社，2004年。

いる。なぜこんな風に間違えたんだろうと学級のみんなで考えられるような授業の実現を願う教師であっても，「○○ちゃんはこんな風に間違えてる」と全員の前で公開するだけでは間違えた子どもに劣等感を与えるのみになるだろうし，「教室は間違うところだと言ってるでしょ」と教条的に繰り返すだけではますます子どもたちの発言を制限するだけになろう。授業の展開に誤答をはじめとする応答予想を位置づけることが重要となる。

　例えば，複数の回答が確認できた場合，どの子から指名するだろうか。正答を書いている子だろうか，それとも誤答を書いている子だろうか。誤答を書いている子どもから指名する教師のほうが多いだろう。正答をまず共有してしまうと，誤答を書いている子をその後に指名しづらくなるからである。もっとも，この順番も絶対ではない。例えば，多くの児童生徒が正答の側に立っているとき，敢えて先に発表させ，その後に少数の意見を出させ，その正答に対し否定発問によってゆさぶるといった授業展開も可能である。いずれにしても，その際には教師が少数の側に立つということが重要となる。

▶▶▶ Book Guide

今泉博『学びの発見よみがえる学校』新日本出版社，2001 年。
多くの授業実践例が取り上げられており，まちがいやつまずきをどのように学びに生かすかを学ぶことができる。

小山義徳／道田泰司（編）『「問う力」を育てる理論と実践——問い・質問・発問の活用の仕方を探る』ひつじ書房，2021 年。
教師の発問や児童生徒の質問を含めた「問い」をめぐる 14 の章からなる本。小学校から大学までの幅広い実践と，その背景にある理論が書かれており，師問児答と児問児答，いずれの授業を考える上でも参考になる。

▶▶▶ Key Word

発問／学習課題／目標／まちがい

第 5 章

授業のねらいに応じて教育メディアを 活用することができる

「フリーズで　背筋も凍る　発表会」（特選）
「職員室　『誰か助けて』の　クラスター」（秀作）
「ペーパーレス　職員会議は　ペーパーです」（佳作）

　2021 年にカシオ計算機によって教育の ICT 化をテーマとした「#教師川柳コンテスト」が行われた。投稿された川柳を見渡してみると印象的なのは，ICT 化についていけない学校や授業の現状を皮肉的に歌ったものが数多く目につく点である。こうした状況を裏づけるかのように，2022 年 2 月 13 日には日本経済新聞の電子版において，「学校パソコン，もう返したい　教師の本音『紙と鉛筆で』」と題された記事が掲載された。その大まかな内容を紹介すれば，GIGA スクールの名のもとに巨額の投資が行われ，生徒 1 人 1 台タブレットなどの ICT 機器の整備が進んだものの，学校現場では十分に活用されないまま持て余されている実態があるということが報じられている。同記事に対しては，日本の学校教育・教師の旧態依然の体質を嘆く批判的な声が多く投げかけられる反面，「実態や状況を踏まえず，論理的整合性にも欠けた施策が，現場からそっぽを向かれた格好だ」[*1]といったように施策そのものの妥当性を疑問視する声もある。こうした意見の対立は，学校現場レベルでも存在しているところが多いのではないだろうか。電子黒

板，タブレット，デジタル教科書などの新しい教育メディアが数多く学校に入ってくるなかで，それらを積極的に使用していこうとする教師と黒板，鉛筆，ノートといった伝統的な教育メディアで十分だと考えている教師が存在している。読者諸氏はどのように考えるだろうか。

　普段意識することは少ないが，学校での日常的な授業では数多くの「道具」(教育メディア，教具)が使用されている。教えるための道具，学ぶための道具が一切存在しない教室での授業を想像してみれば，いかに授業を行うことが難しいものになるかは分かるだろう。かつて心理学者であり教育学者であった城戸幡太郎は「教育の歴史は教具の歴史である」(教具史観)と主張した。つまり，教えるための道具が発展したり変化したりすることは同時に教育の姿そのものを変えてきたのであり，それほどまでに授業においてどのような道具をどのように扱うかは大きな問題だということである。このような視点で考えてみると，現在のICT機器の導入もまた，教育や授業の姿を大きく変化させていくことになるのかもしれない。

　果たしてこうした変化のなかで，教壇に立つ私たちは（アナログなものもデジタルなものも含め）様々な道具を駆使しながらどのように授業づくりを進めていくべきなのだろうか。いや，問うべきはむしろ "どのような" 授業をつくっていくのかということかもしれない。本章では，これまでの学校教育のなかで蓄積されてきた教育メディアの活用の仕方について学びつつ，その知見を生かして新しい教育メディアの使い方を考えていく。

■ 1. どのようなメディアがどのように活用されてきたか
── 「黒板とノート」あるいは「板書とノート指導」

　本章の主題である「教育メディア」とは何か，という問題は実のところかなり複雑であり，簡単に回答することは難しい。「メディア」はパソコン等の情報

＊1　新井紀子「学校パソコン，もう返したい 教師の本音『紙と鉛筆で』」日本経済新聞（電子版），2022年2月13日。
＊2　城戸幡太郎『生活技術と教育文化』賢文館，1939年，146頁。

図 5-1　教室内のメディアの例

出所：筆者作成。

機器のイメージで捉えられがちであるが，図5-1のように，厳密には教師その
ものや教師の発する言葉，子ども同士の関わり，教室の空間配置などもメディ
アに含まれることがある。とはいえ，ここですべてについて論じることはでき
ないので，本章では教育メディアを「教師が授業のなかで子どもの学びを促す
ための物理的な道具」と理解して，特に黒板やノートといった教具や学習道具
を中心に取り扱う。

（1）板書の役割とは何か？

　では，具体的に教育メディアとしてどのようなものが使用されてきたのだろ
うか。「トーク＆チョーク」といった言葉に象徴されるように，伝統的な教育メ
ディアとしては黒板が挙げられるだろう。先生が話し，黒板に書き（**板書**），そ
れを子どもが写す……このような授業の姿は誰もが思い出すことのできる学校
教育の原風景である。

　しかし，この板書という教育技術は言うほどに単純なものではない。中学校
教師であった大西忠治は板書の厄介さについて以下の5点を挙げているが，教
壇に立ったことがあれば共感できるものも多いのではないだろうか。[*3]

① 授業の流れ，教室の説明の流れを板書がたちまち断ち切ってしまう

② 生徒たちが板書を写すことに熱中してしまって，教師の言葉をうわの空で聞いてしまう

③ たくさん板書をすると，生徒が写す時間に個人差ができてしまう

④ 字のへたな教師は，公開授業や授業参観にいやな思いをする

⑤ うっかり気を抜くと，字のまちがいや画数の不足などを生徒から指摘され，恥をかかされる

　さらには，板書をノートに写すという学習を積み重ねるなかで，子どもたちは「学ぶこと＝板書をノートに写すこと」という認識をもつことにもつながりかねない。先生が黒板に書いたことを先生の指示通りにノートに写し，アンダーラインが引かれた箇所や色付きチョークで書かれた箇所をテストに向けて覚える……このような学習スタイルは，果たして子どもたちの学びを深めることにつながっているといえるだろうか。

　あらためて考えてみよう。私たちにとって当たり前の「先生が板書する」という行為は一体何のために行われるのだろうか。

　第一には，教えたい内容や学習課題を書き言葉や図に示して，可視化・構造化するという機能が板書にはある。授業のなかで教師から発せられた言葉が常に子どもたちに届いているとも限らないし，届いていたとしても忘れ去られていくことも多い。それゆえ，授業の最初に本時の学習課題やねらいを板書したり，授業の展開のなかで柱となるような発問を板書したり，教師の説明内容を構造的に図示したりしながら，子どもたちの思考の方向を指さしたり，理解を容易にしたりするのである。このように板書は授業の内容を体系的・構造的にまとめることで，教えたい内容をよりわかりやすく，より確実に伝えるために用いられるのが最も一般的であろう。

　しかし，教師が教えたい内容をあざやかに書き連ねていけば，優れた板書と

＊3　大西忠治『授業つくり上達法──だれも語らなかった基礎技術』民衆社，1987年，109頁。

なるのだろうか。黒板を使って情報を整理しながら授業を進めていくことは大切なことではあるが，教師が準備した計画通りに板書を進めていくことについては気をつけなければいけない点がある。例えば，次のような指摘である。「教師がもっぱら書き手になり，子どもたちは板書された事項を理解する間もなく，ひたすら写し取る受け手になる。教科内容は整然とノートに定着しつつも，子どもたちの頭には少しも定着しない。結局，子どもたちに画一的で，記憶を強制するためだけの学習ノートを書かせることになってしまう[*4]」。板書を「教師の独占物」にしてしまうことで，授業を「教師の予定した通りに進めるべきもの」「教師から与えられた知識を伝えるもの」としてしまうリスクが生まれるのである。

　そこで，もう 1 つの板書の機能に目を移してみる必要があるだろう。つまり，黒板に書く内容や書き方を教師だけが決めるのではなく，そこにいかに子どもを参加させるか，という問題である。ここで板書の第二の機能として，子どもの発言を黒板に書き留め，子どもたちの話し合いの論点を整理するという機能が挙げられる。授業のなかでの子どもの発言は，教師の意図しないものまで含めて多種多様であり，それらが順不同に出されてくる。そうした学級全体の対話のなかで，Aくんが言った意見はBくんの意見と何が違うのか，今出てきている意見はどのようにカテゴリー化できるのか，何が論点になっているのか，といったことを把握するのは大人でさえ難しいものである。それゆえ，子どもたちの意見や反応を黒板に書き留めながら，お互いの意見の違いや共通点などを可視化していくことが重要となる。言い換えれば，板書を教師のものとするだけでなく，「子どもとともにつくる」という発想をもつのである。

　しかし，こちらの機能についてもやはり気をつけなければいけない点がある。例えば，次の指摘を見てみよう。「教師は課題を板書するだけで，あとはもっぱら子どもたちに自由に意見を板書させて授業を進められる場合がある。(中略)学習者の活発な授業がくりひろげられ，子どもたちが授業の主人公のように見

---

*4　吉本均『授業をつくる教授学キーワード』明治図書出版，1986 年，193 頁。

える。しかし，そこでは，つまずきや落差，また，いわゆる『正答』を吟味したり，他の意見とからめて深めていくなどの展開が組織されない。授業は『発表会』に終わってしまう[*5]。授業を子ども主体のものにしようとして，子どもの意見を数多く板書すれば子どもの思考が深まるわけではなく，場合によっては，たくさんの意見だけが並んでいっそうの混乱を引き起こしてしまうこともあるだろう。

　ここまでの話をふまえてみると，基本的に板書においては「学んでいる内容を体系的・構造的に可視化し子どもの理解を助けること」と「子どもの意見を取り上げ論点を整理しながら，子どもたちの思考を促すこと」という二重の視点が求められることになる。いずれにしても重要となるのは，板書が子どもの思考の手がかりとなっているかという視点である。すでに見てきたように，キレイな板書をつくることを目的に一方的に板書することも，子どもの意見を平等かつ網羅的に板書することも，子どもの思考を深めたり広げたりすることにつながらなければ教育技術としての役割を果たさない。板書することによって，子どもの発言の対立点が明確になったり，お互いの意見の違いが見えるようになることで，学級全体での学びを深めるものとして板書が機能しなければならない。

(2) ノート指導とは何か？

　「先生，それはノートに書きますか？」——教師が板書する際にこのような声が子どもから発せられることは少なくない。あるいは，教師の側から「先生が板書しためあてを一番上の行に書いてください。そこから3行は空けておきなさい」等と細かくノートに書く内容を指示された経験がある人も多いだろう。こうした教室の日常風景が示しているように，教師による板書の多くは子どものノートに書き写されることを前提にしている。「板書とノート指導は一体」と言われるように，「どのように板書するか」という問題は，「どのようにノートを

---

*5　同前，194頁。

書かせるか」（**ノート指導**）という問題と一体的に考えていくことが重要となる。

　板書と同様に，「子どもがノートをとること」についても，私たちにとってあまりに日常の光景であるがゆえに，それを何のために行っているのかという点は普段あまり意識されづらい。『**村を育てる学力**』（1957 年）といった著作でよく知られる小学校教師の**東井義雄**は，ノートのもつ機能を次のように分類している。[6]

① 練習帳的機能：計算や書き取りの練習を行う
② 備忘録的機能：教師が板書したことや話したことをメモしておく
③ 整理保存的機能：自分なりの考えや感想を書き留めておく
④ 探究的機能：問題解決の過程で設定した仮説や調べたことなどを書き留めておく

「練習帳的機能」や「備忘録的機能」は，多くの人にとってイメージしやすいものであるだろうし，実際に教室でのノートの使用の多くはこれらの機能を果たすために使用されている。つまり，板書されたものを中心に学習内容を記録したり，練習問題に対する回答を書いたりすることで，学習内容を子どもに定着させようとしているのである。しかしながら，「練習帳的機能」や「備忘録的機能」に特化したノート指導は，記憶することを重視した授業スタイルを強化することになりがちな点には注意が必要であろう。東井もまた，ノートが計算練習や板書の写しにだけ使われていることを「もったいない」と述べ，「整理保存的機能」と「探究的機能」を意識したノート指導を提案している。「整理保存的機能」あるいは「探究的機能」を意識したノート指導は，ノートを単なるメモ帳代わりのものと考えるのではなく，子ども自身が感じたことや考えたことを書き留めることで，子どもの内面の「ほっておけば消えていくもの」「もやもやしたもの」を文章に表現し，「自律的，創造的，探求的学習態度の上に学力を

---

*6　東井義雄『村を育てる学力』明治図書出版，1957 年。

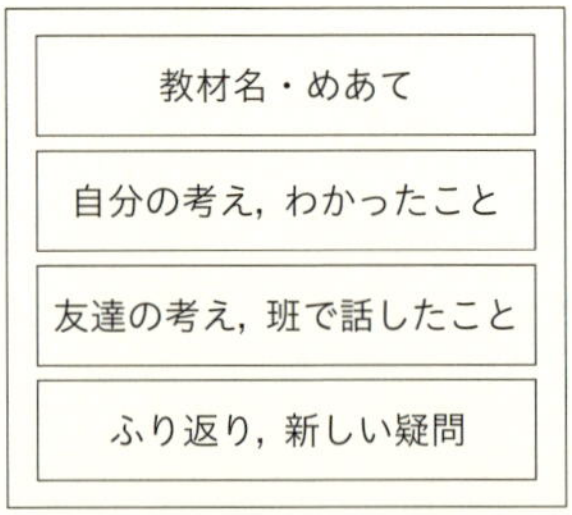

図 5-2　学習ノートの構成例
出所：筆者作成。

育てる」[7] ことをねらいとするものである。より具体的にいえば，例えばノートを3つのパートに分割して，「自分の考えやわかったこと」「班のなかで話し合ったこと」「学級全体で討議を通して考えが変わったこと，新しい疑問や問題点」を書かせるようなノート指導のあり方が挙げられるだろう（図 5-2）。

　小学校教師の沼田拓弥が言うように「ノートは，自分が何を，どのように考えたのかの軌跡を残す『思考蓄積の場』」であって「教師の思考をそのまま記録する場であってはならない」[8]。例えば，討論のなかで自分の考えが修正されたとしても，消しゴムで消すのではなく二本線を書いて訂正させたり，自分の考えと級友の考えとを色分けして書かせたりするといった指導もまた，正しい知識のみを記録するためのノートではなく，自分自身の思考過程を表現し，後々ふり返ることが可能となるようにするための工夫である。教師の指示通りにノートをとるだけでなく，こうした取り組みを重ねることで，子どもたち自身にとっての「ノートをとること」の意味を変化させていくことが重要となる。

　特に近年では，アクティブ・ラーニングや対話的な学びといった言葉のもと，子どもたち自身が活発に討論するような授業のあり方が推奨されることが多いが，積極的な発言がなされていれば学びが深まっているかといえばそうではな

---

*7　同前，217 頁。
*8　沼田拓弥『書かない板書──子どもの思考を引き出す「余白」をつくる』東洋館出版，2022 年，33 頁。

い。話し合う前に自分の考えをしっかりと持つことや話し合いを受けて考えたことを整理することなどを欠いた話し合いは，「**活動あって学びなし**」という状況を生み出しかねない。こうした状況を避けるためにも，単なる板書の丸写しではなく，子ども自身が思考したことの足跡を残し，ふり返ることを可能にするメディアとしての学習ノートの活用方法を構想していくことが重要となる。

■ 2.　ICT の導入をどのように受け止めるのか？
──新しい教育メディアを活用した授業づくりへ

　ここまで伝統的な教育メディアとしての黒板とノート指導について考えてきたが，冒頭でも述べたように，現在教室における教育メディアは大きな変革期にある。すなわち，ICT や Edtech と呼ばれる新しい教育メディアの導入である。特にコロナ禍以降は，その副産物として教育の ICT 化，とりわけ 1 人 1 台端末の普及が加速している。当初の **GIGA スクール**構想においては，2023 年度までに義務教育段階での 1 人 1 台端末の実現を達成することを目標としていたが，一斉休校中のオンライン授業などの必要性に迫られ，2021 年度末時点で 98％以上の自治体で 1 人 1 台端末の整備が実現されたと報告されている。もはや小学校や中学校においては，ほとんどすべての子どもがタブレットを用いて授業を受けることが可能となっており，教師側にとっては望む／望まざるにかかわらず，電子黒板やタブレットを活用した授業を展開することが必須となりつつある。従来の黒板やノートに加えて（あるいはそれに代わって），電子黒板やタブレットが「日常化」した教室では，どのような授業の可能性が生まれてくるのだろうか。例えば新しいテクノロジーを用いることで，以下のような教室の姿が実現されるとしたら，読者の皆さんはどう感じるだろうか。

＊9　Edtech とは「Education（教育）」と「Technology（技術）」をかけ合わせた造語であり，AI などを含めた新しい技術を用いた教育メディアを意味している。
＊10　文部科学省「GIGA スクール構想の実現に向けた整備・利活用等に関する状況について」
　　　https://www.mext.go.jp/a_menu/other/mext_00921.html

教室で使われる主たる教具は，タブレット端末とタッチペン（音声入力ができればペンも必要ない）。学習者は，電子教科書や3D映像や動画等も織り込まれた教材パッケージで情報や課題を提示され，個人で，あるいは協働で，問題の答えや思考の過程をタブレットに入力していきます。教師はタブレットで全員の進行状況を確認しながら，ディスプレイ越しに個別にフォローすることもできます。一人ひとりの考え方をすぐにスクリーン（電子黒板もいらない）に映し出したり，他のクラスメートとデータをすぐ共有したりすることもできるし，さらには，情報整理・共有アプリを用いて，考えを可視化しつないでいくこともできます。（中略）教科書や資料集の枠を越えて，ウェブに自由にアクセスして膨大な情報をベースに考えることができるし，（中略）専門家の知や専門家本人と直につながることもできます。

　様々なアプリや解析ソフトを用いれば，（中略）図表や画像や動画などを組み込んだプレゼンも容易に作成できます。そして，インターネットで，教室を越えた他の地域や国の人たちへの発信や遠隔会議も可能でしょう。上記の一連の学習の履歴は，すべてデータとして蓄積されており，さらに本人の振り返りや自己評価等も積極的に入力しeポートフォリオを作成することで，評価に役立てることもできます。[11]

AIによる学習課題や解説の提供，通信機能を生かした画面やデータの共有，検索機能を用いた探求活動，遠隔での学びあい，学習履歴（スタディ・ログ）の記録……このような授業の姿はもはや夢物語ではなく，すでに実現しつつある。特に近年では「**個別最適な学び**」というフレーズで，ICTを用いながら一人ひとりの学習データを細かく収集・管理しつつ，時間割や教室という時空間の制約を超えて，一人ひとりの子どもに応じた学習を実現していこうとする動向が進んでいる。「トーク＆チョーク」を基本形式として，みんなで同じことを同じ

＊11　石井英真『授業づくりの深め方──「よい授業」をデザインするための5つのツボ』ミネルヴァ書房，2020年，216–218頁。

ペースで同じように学ぶという従来の授業が抱えていた課題や制約がICTの導入によって解消されていくことが期待されているのである。

　ただし，ここで注意しておきたいことは，確かにデジタル化された教育メディアは従来のアナログメディアを超え出るような機能を数多くもっているが，それらを使えば自動的に授業の質が高まったり，子どもの学力が向上するわけではないということである。すでに学校現場では「一回の授業で○分以上はタブレットを使用する」といった形式的なルールが設定されているところもあるが，従来の板書やノート指導と変わらず，教育メディアの使用が子どもの思考の足掛かりになっているか，という点から考えていくことが重要となる。

　例えば，一斉場面における電子黒板の使用について考えてみよう。電子黒板と黒板はそれぞれ異なる強みをもつものであり，電子黒板で提示する内容は一つひとつのスライドや図などを提示する面では優れているが，アナログの黒板は，授業の全体像や流れを俯瞰的に提示することに優れているという特徴をもつ。それゆえ，例えば電子黒板でデジタル教科書や参考資料を拡大提示しつつ，子どもの発言などを含めた授業の構造化をアナログの黒板で行っていくという組み合わせ方も考えられる。

　あるいは，個別学習場面におけるAI型ドリルの活用にしても，「一人ひとりの学習能力やペースに応じる」といった宣伝文句は魅力的であるが，実際のところ現状ではAIが診断する子どものつまずきの分析は精度が粗く，AIが提示してくれる解き方も（「分数の割り算はひっくり返して掛ける」，のような）意味理解を伴わない操作的な解き方に留まっているという研究結果が出されている。[*12]それゆえ，子どもの個別的・個性的なつまずきや意味理解についてはやはり一斉学習場面や協働学習場面での学び合いや教師の指導が必要であり，簡単に代替できるものではない。

　いずれにしても重要なことはデジタルかアナログかを択一的に考えたり，デ

＊12　西岡加名恵・石井英真・久富望・肖瑶「デジタル化されたドリルの現状と今後の課題——算数・数学に焦点を合わせて」『京都大学大学院教育学研究科紀要』第68号，2022年，261-285頁。

ジタル化された教育メディアをより先進的なものと思い込んだりすることではなく，伝統的に積み重ねられてきた板書やノート指導の役割や技術を十分ふまえつつ，新たなメディアをそこに組み合わせていく発想をもつことである。加固希支男が言うように，「目の前の学習において『どんなことを考えさせたいか』『どんなことに気付いてほしいか』『どんな力をつけさせたいか』」[*13] という視点で，ICT や Edtech の活用場面を選択したり，活用方法を考えることが重要となる。

■ 3. これからの授業づくりとメディア活用を考える
── 「アナログ vs. デジタル」の二分法を超えて

　教育メディアのデジタル化の波はもはや止まることはなく，これからの教育実践においては，アナログとデジタル双方の教育メディアを選択していくことが重要な課題となっていく。その際，どのような視点で教育メディアの活用を考えていけばよいだろうか。

(1) 学習場面と形態に応じてメディアを選択する
── 「学習形態の交互転換」に基づく教育メディア活用

　すでに見てきたように，教育メディアそれ自体に「良い／悪い」があるのではなく，授業のねらいや学習場面に応じて適切な教育メディアが選択される必要がある。その際には，これまでの授業づくりにおいても重視されてきた「**学習形態の交互転換**」という考え方が参考になる。学習形態というのは，一般的には，一斉学習，小集団学習（グループ学習），個別学習の 3 つに分類されるものであり，どのような学習形態を採用するかによって授業をどのようなコミュニケーションの形をとりながら進めていくかが規定されることになる。つまり，学級全体で学習を進める形，子どもたちが小集団になって話し合いながら学習

＊13　加固希支男『「個別最適な学び」を実現する算数授業のつくり方』明治図書出版, 2022年, 89頁。

教師からの語りかけ・問いかけ（一斉）→一人一人が受けとめ・考える（個別・内言化）→各自の考えをノートする（外言化）→ペア・グループで確かめる・交流する（小集団）→全体での交流と確認（一斉）→一人一人が吟味し，ノートする（個別・内言化）→…

図 5-3　「学習形態の交互転換」の 1 つの定跡
出所：深澤（2006），69 頁。

を進める形，子どもたち一人ひとりが学習を進める形という 3 つの形態が基本であり，学習内容や学習課題に応じてそれらを適切に使い分けるのが「学習形態の交互転換」である。「学習形態の交互転換」は 1 つの決まった形があるわけではないが，1 つの「定跡」として，図 5-3 のようなモデルが示されてきた。[*14]

　このモデルを参考にして，そこに教育メディアの活用例を付け加えたのが表 5-1 である。

　まず授業の冒頭で教師から本時の学習課題が提示されたり，基本的な説明が行われたりする。ここでは主に，教師と学級集団全体との間の一斉的なコミュニケーションが行われることになる。教師の説明場面で電子黒板やデジタル教科書を用いることの強みは，多感覚的に情報を提示する機能にある。つまり，図表，写真，動画，音声などを同時に提示したり，図表やスライドの拡大縮小によって視点を誘導させたりすることを通して，教師の発問や説明の補助的役割を担わせるのである。一方，電子黒板上の情報は次々と消えていってしまうため，本時のめあてや主発問はアナログ黒板の上に書き留めておくといった工夫，あるいは提示できる情報量が自然に多くなるためノートに記録すべき内容を限定するなどの工夫が求められる。

　それを受けて，まずは子どもたち一人ひとりが自分の考えをはっきりさせていく。ここでノートを用いるかタブレットを用いるかは，学習課題の性質やその後の授業展開によって左右されることになる。例えば，算数の図形問題で子

＊14　深澤広明「授業における班の意義と班活動の位置」『心を育てる学級経営』2006 年 10 月号，69 頁。

表 5-1 「学習形態の交互転換」に基づく教育メディア活用

学習形態	教授＝学習活動	教育メディアの活用例
①一斉	教師からの語りかけ・問いかけ	・ 板書によって学習課題や発問を明示する【教師】 ・ 電子黒板やデジタル教科書を用いて多感覚的に情報を提示し説明する【教師】
②個別	一人ひとりが受けとめ，考え，ノートする	・ 考えたことや解法をノートやタブレットに記入する【子ども】 ・ タブレットを使用して調べる【子ども】 ・ タブレットに記入された子どもの意見を確認する【教師】
③小集団	ペア・グループで確かめる	・ 各自のノートを見せ合いながらディスカッションを行う【子ども】 ・ グループチャットで意見を共有する【子ども】
④一斉	全体での交流と確認	・ 黒板で子どもの意見を整理・構造化する【教師】 ・ 電子黒板を用いて子どもの意見を一斉表示する【教師】
⑤個別	一人ひとりが吟味し，ノートする	・ 本時の学習のふり返りをノートに記入する【子ども】 ・ ノートをタブレットで撮影して提出する【子ども】 ・ タブレットをもちいて演習問題を解く【子ども】
⋮	⋮	⋮

出所：深澤（2006）をもとに筆者作成。

どもたちに作図をさせたり，様々に試行錯誤させたりしたいときにはアナログが適切なときもあるだろう。また，知識獲得的なねらいばかりでなく，より探究的・創造的なねらいを設定するならば，それぞれがインターネットにアクセスして調査を行ったり，その結果をスライドにまとめてプレゼンテーションするといったICTの活用の仕方も考えられる。ここでは，教育メディアは子どもと教材とをつなぐための媒介であり，時には教室や時間割という時空間的制約を超え，子どもと学校外（現実社会）とをつなぐ媒介としても機能することになる。

　個々人の考えがある程度まとまれば，ペアやグループで議論を行う。もともと小集団学習は教師のコントロールから離れ，学級全体の場では表明しづらい自分たちの本音や率直な考えを交流したり，確認したりすることを期待される学習形態である。ここではノートやタブレットに記載したことをベースとしながら，子どもたち自身が直接意見を交わすことが基本形になるが，グループ

チャットを用いて共有していくことも考えられる。小学校教師の加固は，グループチャットを用いた意見交換の効果として，「自分や周りの人以外も同じ考え方をしていることがわかると，自信がつく」「自分や周りの人とは違う考え方をしている人がいることがわかると，他の考え方で見直すことができる」「解けずに困っている人たちのヒントになる」の 3 点を挙げている。[*15] もちろんこうした効果はアナログメディアを用いた直接対話のなかでも生じるものではあるが，これまでの「挙手−発言」で必要としていた時間を削除したり，そのために必要であった心理的ハードルを下げてくれる可能性を ICT は有している。

　続いて，ペアやグループでの話し合いをもとに学級全体での議論を進めていく。子どもが挙手して発言する方法に加えて，子どものタブレット画面を電子黒板に投影したり，グループチャットに投稿された意見を一斉に提示することでより容易にお互いの意見に触れることが可能となる。ただし，ここで気をつけておきたいのは，グループチャットにたくさん意見が挙がれば子どもが理解できているというわけでもなく，数多くの意見に触れれば自然に学びが深まるわけでもないということである。むしろ数多くの個性的な考え方（つまずきや誤答も含む）が出てくることで，いっそう子どもたちを混乱させてしまうリスクも考慮しなければならない。この点について加固は「投稿された内容の共通点や他とは違う点などに着目させるための教師からの言葉かけが必要[*16]」になってくるとする。「A さんと B さんは同じような考え方をしている」「C さんは問題を発展させて考えている」といった声かけを通して，投稿内容を見る視点を子どもに示しつつ，徐々に子ども自身にもそのような視点をもたせていくことが重要となる。このように個別や小集団での学習場面において ICT を活用するにしても，教師の指導性は働き続けなければならないということは意識しておきたい。

　そして最後に，再び個別に戻って，子どもたちはノートにふり返りをまとめ

---

*15　加固，同前掲，97 頁。
*16　同上，99 頁。

て，それをタブレットに保存したり，自らの学びの成果として再びグループチャットで共有したりする。あるいはAI型ドリル（デジタルドリル）を活用した知識の定着といった活動も考えられる。AI型ドリルは様々な学習課題を子どもに課し，正解やつまずきを含む生徒の学習データを収集しながら，より個々に応じた問題を提示しようとするものである。従来の一斉学習では，十分に対応できなかった一人ひとりの子どもの学習進度やペースに応じながら学習を進めていくことが期待されている。

　以上のような活用例はあくまで1つのモデルに過ぎず，教科や学習課題に応じて適宜組み替えて考えていただきたい。例えば，授業のねらいを知識獲得やスキル習得に置く場合は，デジタル教科書を用いた教師の説明や（デジタル）ドリルを用いた演習形式がより前面に出てくることになるだろうし，課題解決や知識構築などに重点を置く場合は，むしろ個々人や小集団での探究活動が前面に出てくることになるだろう。ただ，いずれにしても，メディアという言葉が「中間にあるもの（媒介するもの）」という語源をもっていることからもわかるように，メディアは本来的には何かと何かとをつなぐ働きをするものであるということには注意をしておきたい。学習形態の交互転換は，授業のなかで様々なコミュニケーション（教師⇔子ども，子ども⇔子ども，教材⇔子ども……）を切り替えるものであり，学習形態や場面に応じた教育メディア活用はそうしたコミュニケーションを活性化し得るものである。それぞれの学習場面や学習形態の特性やねらいと合わせながら，教育メディアの活用を考えることで，授業のねらいと連動させた形でどのようなメディアをどのように使うかを選択する視点になるのではないだろうか。

(2) 子どものニーズから教育メディア活用を考える

　デジタルな教育メディアの登場は，改めて教育メディアのあり方を考えるきっかけを私たちにもたらした。小学校教師の沼田がいうように，「教育のデジタル化に光が当たったからこそ，アナログツールの価値を見つめ直す機会が訪れた」

のであり，デジタル機器の登場をきっかけにもう一度，「板書（ノート指導）とは何か，何のためにやるのか，今までのやり方でよいのか」ということを考え直してみることは重要になるだろう。[*17]

　その問い直しの視点の1つとなるのが，**子どものニーズ**である。それはすなわち，これまでの教育メディア活用の多くはあくまで教師の目線で定められたものではなかったかという問題を反省的に問い直し，子どもの視点から教育メディアのあり方を考えてみることを意味している。もちろん第1節で述べたように，これまでも子どもたちの意見を反映させながら板書を進めたり，子どもたちの考えたことを記載するための余地を学習ノートに設定するという試みは行われてきた。しかし，それでもなお，どのようなメディアを用いて何をどのように書くのかの権限は教師に強く握られたままになっていなかっただろうか。

　教師が授業内容を構造的に示したり，子どもにノートのとり方を指導していくことは学習訓練という意味で非常に重要なことで，それ自体が否定されるべきものではない。しかし，その一方でこうしたノート指導が一律に設定されることで困難を抱える子どもも存在する。例えば，次の事例を見てみよう。

　「（まだ消さないで〜……）」。この言葉を，1日に何度も心の中で叫んでいる子どもがいます。また，黒板を写すこと自体，もうすっかり諦めて，ただじっと時が流れるのを待っている子どももいるかもしれません。

　　Eさんは，なんとか授業に遅れまいと，「先生，消すのがはやい！」「待って！」と声に出していた時期がありました。しかし，がんばって書いてもどうにも間に合わないことに加え，「またかよ」「おそっ！」などのクラスメイトから揶揄される言葉に押され，悔しい気持ちを筆箱の中の文具に向けるしかなくなっていました。そのせいで消しゴムや鉛筆は傷だらけです。そんなEさんの姿は，周りには"意欲がない""やる気がない"と映っています。[*18]

---

*17　沼田，同前掲，16頁。

教師側にとっては教育的な配慮で行っている細やかな板書や丁寧なノート指導は，読み書きが苦手でノートに写すのに時間がかかる子どもにとっては時に大きな負担となることもある。その背景にあるものは様々であるが，単なる努力不足や意欲不足ではなく，黒板の内容をノートに写すまでに覚えていられる量が少なかったり，ノートの罫線に文字を小さく書くことが苦手だったりといった困り感が存在しているのかもしれない。こうした子どもにとっては，授業の大半は板書を写すことに労力を割くことになってしまい，学習課題について深く考える余地を失ってしまいかねないのである。このようなニーズがあるのだとすれば，授業中に板書を写すことに躍起になるのではなく，例えばパソコンを用いてタイピングでメモをとったり，授業後にタブレットで板書の写真を撮るといった代替の方法が選択肢として考えられるべきであろう。

　「板書をノートに写す」という活動は私たちにとって「当たり前」すぎるものであるが，日本とドイツの両方で教壇に立った経験のある和辻龍が紹介するドイツの事例はそのような私たちの教育メディア観をいくらか相対化してくれる。[19] 和辻によれば，ドイツで使用される学習ノートは細かな方眼が書かれたものであるとされる。その使い方は基本的に自由であり，マス目を無視するのか活用するのかも個人の発想に委ねられている。なぜかといえば，ノートの使い方自体も子どもたちに考えさせ，思考の可能性を広げるという意図があるからである。同様に，板書にしてもドイツでは，色チョークをあまり駆使することはなく，大事だと思う箇所については子ども自身の判断に委ねられているとされる。もちろんドイツのやり方が正しいということではないが，細やかな板書と丁寧なノート指導が必ずしも唯一の方法ではないことを私たちに考えさせてくれる。

　そもそも本来的に「個別最適な学び」においては，ICTを活用しながら子ども自身が自らのニーズに即した学び方を選択し，自己調整的に学習を進めてい

＊18　安居院みどり・萬木はるか（編）『学校で困っている子どもへの支援と指導──「子どもの気持ち」と「先生のギモン」から考える』学苑社，2021年，48頁。
＊19　和辻龍『こんなに違う!? ドイツと日本の学校──「自由」と「自律」と「自己責任」を育むドイツの学校教育の秘密』産業能率大学出版部，2020年。

くことが求められている。そのことをふまえれば，黒板やノートに書く内容や書き方を一律に定めてきた授業のあり方を反省的にふり返り，いかなる教育メディアをどのように活用するかを子どもに開いていくという視点も重要になる。もちろん，この視点はアナログメディアを問い直す視点であると同時に，新たなデジタルメディアの活用においても十分考慮されるべきである。例えば，タブレット上のワークシートに書き込んだ内容は随時教師によって確認できるし，容易に学級全体に公開することも可能である。それはともすれば，子どもたちにとっては自分の考えを常時監視され，勝手に公開されるというプレッシャーを与えることにつながるかもしれない。従来の「挙手－発言」システムであれば許されていた，「答えない権利」や「わかりません」といった言葉を許さず，子どもの思考を強制的に晒してしまうのは暴力的なコミュニケーションとなりかねない。このような教師の「教えやすさ」やデジタルメディアの「利便性」がその反面で子どもに様々な困り感を与えるものになっていないか，結果として子どもを受動的な立場に置いてしまい，むしろ一方向的な授業を強化してしまっていないかといった点については十分に省察しておきたい。

（3）教育メディア活用から授業のあり方そのものを考え直す

　このように見てくると，もはや教育メディア活用の問題は単なる道具の問題を超えて，授業そのもののあり方を考え直すことにつながっていく。例えば，奈須の提示する中学校 2 年生社会科「北海道の農業」の事例を見てみよう。北海道の農業の特徴について教師が 1 時間かけて授業を行った後の場面である。

　　授業後の休み時間に一人の生徒がパソコンで「北海道の農業」と打ち込んで検索したところ，NHK for Schoolの「北海道の農業」というそのものズバリの動画を見つけました。所要時間は 2 分 53 秒で，豊富な映像とデータに基づく説明がなされています。
　　「わかりやすいし，よくできてるなあ。これで勉強する方が早いし，いいかも」

生徒の率直な感想です。[20]

　伝統的な授業の風景においては，教師は教室のなかで圧倒的に特権的な存在であった。なぜならば，子どもたちはすでに自分たちがもっている知識と教科書，そして教師から与えられる情報のなかで学習をしなければならないのに対し，教師は子どもより多くの知識をもち，多くの準備時間を経て授業に臨んでいたからである。それゆえ，教師の側のみが答えを握り，それを子どもに小出しに与えたり，発見させていくという授業展開が可能となっていた。しかし転じて，子どもたちがタブレットを手元に置き，いつでもインターネットにアクセス可能な状況になったとしたらどうであろうか。授業において教師から出される問いが，学校的な知識や正答を単純に問うようなものであれば，教室での学習は「『こんなことがあるサイトに書いてありましたが，これが先生の求めているものでしょうか』と代行検索するだけの活動に堕して」しまい，「すぐに『見つかる』レベルの問いに教室でわざわざエネルギーを注ぐ経験はさぞかし退屈」[21]に感じられることになるだろう。もはや事実的な知識だけでいえば，インターネット上でいくらでも検索可能である。こうした現実をふまえれば，これからの授業のあり方は事実的な知識の先にある発展的・探究的課題を見据えたり，「わかったつもり」となっている知識をゆさぶりながら，深めたりするような構想が求められていくことになる。先ほどの事例でいえば，奈須正裕は例えば北海道の農業が日本のなかでは大規模であるが，世界的に見るとそうでもないのはなぜかという学習問題を設定し，地理，政治，経済，歴史といった多角的な視点から探究していくことを例示している。

　率直な言い方をしてしまえば，子どもたちが簡単にインターネット上の情報にアクセス可能となることは，授業者の目線からすると「厄介」なものにうつ

＊20　奈須正裕『個別最適な学びと協働的な学び』東洋館出版，2021 年，228 頁。
＊21　藤本和久「再考を迫られる教室での学び」教育科学研究会（編）『教育』2021 年 11 月号，17–18 頁。

る。しかしだからといって，授業中のインターネットへのアクセスを禁止したりすることで教師の権威をなんとか保とうという対応をとることが妥当だろうか。それは結果的に，「先生は答えを隠している」という不信感を与えたり，子どもの知的探究を阻むことにならないだろうか。「今後，タブレットをどのように活用していけばよいのか」を問うことは同時に，「子どもたちに追究させる課題は果たして現在のようなものでよいのか」「検索すれば答えにたどり着くことが容易になった時代のなかで，学級で対面しながらみんなで学び合う意味とは何か」といった問いを考えていくことにつながらざるを得ないのである。

▶▶▶Book Guide

子安潤『画一化する授業からの自律——スタンダード化・ICT を超えて』学文社，2021 年。
ICT や AI を含め，画一化されつつある現在の学校教育や授業を批判的に問い直す本。ICT や AI の便利さだけでなく，危うさも考えるために。

沼田拓弥『書かない板書——子どもの思考を引き出す「余白」をつくる』東洋館出版，2022 年。
「板書をどのように書くか」ではなく，いかに子どもの思考の余白を残すかという視点から板書のあり方を論じた実践的な著書。私たちのなかの「当たり前」の板書を問い直すヒントを与えてくれる。

▶▶▶Key Word

板書／ノート指導／村を育てる学力／東井義雄／活動あって学びなし／GIGA スクール／個別最適な学び／学習形態の交互転換／子どものニーズ

第6章

子どもが学習主体となるような
指導ができる

Introduction ···

　「授業の主役は子どもたちだ」「子どもたちが学習の主体にならなければならない」……こうした考えを誰もが共通にもっている。特に，教壇に立って，授業を行う教師は，子どもたちが授業に積極的に参加してくれることを強く願うし，そのために様々な工夫をこらしていく。しかし，その実現は決してたやすくない。教師は子どもたちが望むことばかりを取り扱えばよいわけではなく，教育内容として定められた「教えなければならないこと」を背負って授業を行う。それゆえに，時に子どもが興味をもっていない教材や教科を教えることもあるだろう。また，授業をデザインして進行するのも基本的には教師であることが多い。そうした状況のなかで，はたして子どもが主体的に学習を行うことなどできるのだろうか。

　本章では，あらためて「子どもが主体的に学ぶ」とはどういうことなのかを考えてみたい。まず前半では，近年，強調されることの多い主体的学びとは一体どのようなものなのか，なぜそれが必要とされるのか，主体的学びのなかで教師はどのような役割を果たすべきかを考えていく。さらに後半では，そのような主体的学びを成立させるためには，子どもや学級をどのように「学習主体」として育てていくのかについて検討してみよう。

···

■ 1. 「主体的学び」に関する政策動向

　戦後最大の教育改革と言われている 2017 年の学習指導要領改訂では，学習指導要領の歴史において初めて「学び方」についての言及がなされた。つまり，「いつ，何を，何のために（学ぶのか）」といった時期や内容や目的に関わることだけでなく，「どのように（学ぶのか）」（そのために教師はどのように指導すべきか）といった点にまで踏み込まれたのである。では，いったいどのような「学び方」が提起されたのか。改訂に向けての議論が始動した当初は「アクティブ・ラーニング」という用語が用いられていたが，2017 年の学習指導要領改訂時に「主体的・対話的で深い学び」という用語に統一された。これらはいずれも，「教え」から「学び」へという教育観の転換を教師に要請することを趣旨とした政策レベルの提起だといえる。

　小学校学習指導要領（2017 年告示）解説【総則編】における「主体的・対話的で深い学び」に関する留意事項のなかで，「特に義務教育段階はこれまで地道に取り組まれ蓄積されてきた実践を否定し，全く異なる指導方法を導入しなければならないと捉える必要はない」（4 頁）とされていることには留意しつつも，「教え」を中心とした授業から脱却し，子どもたちによる**主体的学び**を目指した教育改革が進められていることを十分意識することが重要である。

■ 2. どうして主体的学びなのか

　子どもによる主体的学びが目指されるのは，今日ではさも当然のことのように思われている。だが，それはどうしてだろうか。これには，学習者（人）はどのように学ぶのかという問いが深く関わっている。

　人がどのように学ぶのかという問題は，特に心理学における主要なテーマであったが，その考え方も時代ごとに変化している。かつて 20 世紀初頭に隆盛した行動主義[*1]や，その後の 1950 年代に台頭した認知主義[*2]においては，学習とは客観的に存在する概念や法則についての情報を教師が伝達し，学習者がそれ

を記憶として蓄積することだと考えられていた。ここでは，学習の主な手段は教師から学習者への伝達であり，学習は個々の学習者のなかで起こる個人的な営みだと考えられていた。

　これを一転させたのが構成主義である[*3]。なかでも，1980年代頃に台頭したヴィゴツキー（Vygotsky, L. S.）を代表とする**社会構成主義**では，学習者自身が能動的に活動に取り組み，大人や仲間と協同して解決することを重視する[*4]。それは，学習を1人で行う個人的な営みから，他者と一緒に考え活動に取り組む社会的な営みへと捉え直し，それによって相互に考えを補い合いながら新たな考えや解決策を生み出すといった社会的・協同的な学びへとつながる潮流を生んだ。

　これを見たとき，学習観がかつてと大きく変わっていることに気づくだろう。もはや学習の主目的は，情報を記憶として蓄積することではなく，他者との協同を通して考えを生み出すことに置かれるようになっている。教師はこうした学習観の転換について理解し，自らの学習観の刷新を図らなければならない。

　近年のいわゆるアクティブ・ラーニングは，この社会構成主義の学習観を具体的に体現した学習の1つの形である。日本でアクティブ・ラーニングの第一人者とされる溝上慎一によれば，アクティブ・ラーニングとは，「一方向的な知識伝達型講義を聴くという（受動的）学習を乗り越える意味での，あらゆる能動的な学習のこと。能動的な学習には，書く・話す・発表するなどの活動への関与と，そこで生じる認知プロセスの外化を伴う」[*5]とされる。つまり，アクティ

＊1　行動主義とは，外的刺激に対して生じた反応（行動）を客観的観察や数量的計測を通して明確化しようとする立場。行動主義的学習観では，学習とは個人に行動変化が起こることだと考える。

＊2　認知主義とは，行動主義批判の潮流のなかから生まれたもので，必ずしも行動変化として観察されるわけではない人間の内側で起こる変化にも意識を向ける必要があるとする立場。

＊3　構成主義とは，知識を客体として存在するものではなく学習者によって構成されるものとして捉える立場。構成主義的学習観では，知識の付与は学習ではなく，学習者によって主体的に知識が構成されることを学習だと考える。

＊4　大島純「コラボレーション」大島純・千代西尾祐司（編）『主体的・対話的で深い学びに導く学習科学ガイドブック』北大路書房，2019年，32-35頁。

＊5　溝上慎一『アクティブラーニングと教授学習パラダイムの転換』東信堂，2014年，7頁。

ブ・ラーニングとは「講義を聴く」学習ではなく，書いたり話したり発表したりすることを中心とした学習であり，学校における学びのあり方を転換する必要性が示唆されているのである。

　このように，主体的学び（アクティブ・ラーニング）は，「教える」ことを中心に据えた学習からの転換を狙って提起されたものであるが，それは，ただ「楽しく学ぶ」ためや，書いたり話したり発表したりする力それ自体を高めるために学習に活動を取り入れることを強調するものでは決してない。そうではなく，社会的・協同的な活動を通して子ども自身によって意味が構成されることにその主眼は置かれている。そのため，必然のこととして，子どもたちが自ら考えを表現したり，活動に参加したりする場面が学習において求められるのである。

■ 3. 主体的学びにおける教師の役割

　学習観の転換に伴い，もはや講義をすることは授業中の教師の主たる役割ではなくなりつつある。それでは，書いたり話したり発表したりを中心とした主体的学び（アクティブ・ラーニング）においては，教師はどのような役割を担うことになるのであろうか。ここでは，多様な子どもたちがいる教室で構成員同士の協同を促進する教師の役割として**ファシリテーション**について考えてみよう。

　ファシリテーションとは一般的な意味でいうと，「円滑にすること」「〜しやすくすること」であるが，そうした一般的な意味では教師は皆日常的に少なからずファシリテーションを学習のなかで行っているといえる。しかし，ここで扱うのはそのような一般的な意味（＝学習を円滑にする）のファシリテーションではなく，主体的学び（書く・話す・発表するなど）において教師の役割として求められるより実践的・具体的な技法としてのファシリテーションである。

(1)「子ども任せ」はファシリテーションか

　ここでは，ファシリテーションと呼ばれる働きかけの境界について確認して

おきたい。教師が一方的・強制的に子どもたちに話し合いや発表をするように迫ることをファシリテーションとは言わないことについて異論はないと思われるが，それでは，教師が子どもに学習を完全に委ねてしまうこと（子ども任せ）はファシリテーションといえるだろうか。

　かつて，授業外での個々の子どもの取り組みを学習のプロセスに組み込んで，「主体的学習」を実現しようとしたのが村上芳夫である。1950年代に村上によって「主体的学習」が日本で初めて本格的に議論された際，彼は，授業の最後に次回の導入（予習的課題の提示）を行い，個々の子どもが家庭学習で予習的課題に取り組んだ状態で毎回の授業が開始されるという手順を主体的学習として定式化しようとした。[*6]すなわち，従来の授業パターンが「導入－展開－整理－宿題の提示（復習）」という形だったのを，「予習（家庭学習）－展開－整理－導入（予習的課題の提示）」のような形に変えることを提唱した。だが，これは「教師の指導が最も必要とされる部分が子ども個人に委ねられ[*7]」ていると指摘されるように，課題に取り組む重要な学習場面において，教師が一切の指導的役割を果たせないことが問題であると今日では考えられている。

　主体的学びを成立させるためには，教師には必要とされるところで必要な役割を果たすことがやはり求められるのであり，その役割こそがファシリテーションである。このような意味で，「子ども任せ」にすることは教師のファシリテーションからは除外して考える必要があるだろう。

　このように，単に学習を子ども任せにすることをファシリテーションとは言わないことをいま一度確認した。そのうえで，ファシリテーションの実践的・具体的な技法とはどのようなものであるかをこれから見ていきたい。

---

*6　村上芳夫『主体的学習の発展』明治図書出版，1971 年，38 頁。
*7　諸岡康哉「主体的学習」恒吉宏典・深澤広明（編）『授業研究　重要用語 300 の基礎知識』明治図書出版，1999 年，199 頁。

(2) ファシリテーションの実践的・具体的な技法

　主体的学びにおいては，子どもたちが話し合いをする場面は少なからずあるだろう。もちろん，主体的学びのなかで行われる活動は話し合いだけではないが，それは主体的な学びにおいて最も頻繁に行われている主要な活動の 1 つであることを疑う余地はない。そこで，ここでは「話し合い」活動に焦点化して，ファシリテーションの実践的・具体的な技法の話を進めていくことにしたい。

　次のことについて具体的に想像してみてほしい。子どもたちが話し合いをしているとき，ファシリテーターとしての教師は一体何をすればいいのか。子どもたちの話し合いにどのような形でどの程度働きかけるのか。これらの問いに答えるのは案外難しく思われるのではないだろうか。経験を積むことで効果的な即興的働きかけのコツが身についていくという側面も確かにあるが，ファシリテーションの技法の知見に学ぶことは経験の多寡に関わらず誰にとっても有効だろう。

　堀公俊によれば，ファシリテーションには目的や文脈によって，教育学習型，問題解決型，合意形成型という 3 つの型があるとされるが，次の 3 つの原則は，いずれの型のファシリテーションにも共通する考え方が提示されたものであり，ファシリテーションという行為の概要をつかむうえで示唆的である[8]。

・一つ目の原則は，ファシリテーションされる人が主役であり，ファシリテーションする人は脇役でなければならない。
・二つ目の原則は，ファシリテーターはコンテンツを相手に委ねてプロセスを舵取りすることである。
・三つ目の原則は，人と人の相互作用を最大限に活用することである。

　これらをふまえると，話し合いにおいてファシリテーターとしての教師は，自

＊8　堀公俊「学校とファシリテーション」ネットワーク編集委員会（編）『授業づくりネットワーク No.44　教室の中の多様性とファシリテーション』学事出版，2023 年，4–6 頁。

表 6-1　ファシリテーションの基礎スキル

①場づくり	人々が集った場所や環境の「空間」の物理的デザインと，人と人との関係性や環境が織りなす雰囲気や気配などの心理的デザインの両面から活動を円滑になるよう最適化すること。
②グループサイズ	話しやすさや話し合いの目的によって最適なグループの人数に調整すること。想定されるグループサイズは，ペア，3〜4人の小グループ，中グループ，全体がある。
③問い	どのような問いをどういう順番で投げかけるのかを熟考して決めること。問いづくりは次の5つを原則とする。(1)共通で触発的な問いから始める，(2)身近で具体的な問いから始める，(3)ポジティブで楽しい問いから始める，(4)自分の体験から始める，(5)裁かれる恐れのない問いから始める。
④見える化	言葉という見えないものや，図のイメージを語るだけではわかりにくいものを書き出し可視化すること。書き出しておくことで，その場に定着し，人々はそれを指さして語ったり，関連する語句同士を線で結んで構造化して考えたりしやすいとされる。
⑤プログラムデザイン	設定した成果目標やゴールに向かって，人の心や身体が受け入れやすいようにプログラムの流れ（起承転結）を考え，参加者にとって豊かな学び合いや創造の時間になるようにデザインしていくこと。

出所：中野民夫『学び合う場のつくり方——本当の学びへのファシリテーション』岩波書店，2017年，57–117頁をもとに筆者作成。

らの用意したコンテンツを押しつけたり，子どもが話し合って構成したコンテンツに対して自らの意図に沿うように軌道修正を求めたりするのを避けなければならない。代わりに，子どもが話したくなるような問いを提示したり，話し合っている子どもの様子を見ながら適切な時間管理や進行を行ったりする等，話し合いが円滑に進むようにそのプロセスに関する部分で中心的な役割を担うことを求められる。また，多様な子どもが集まって作用し合うことの効果を最大にするために一人ひとりの子どもの個性的な考え方が話し合いのなかで尊重されるように働きかけるような役割が重視されている。

　中野民夫は自らが大学で教師としてファシリテーションに取り組んだ経験から，さらに具体的にファシリテーションの基礎スキルを提案している（表6-1）。ここで示される基礎スキルは，堀の述べる3つの型のうちの1つの「教育学習型ファシリテーション」に特化したより具体的・実践的な技法だと見ることが

できるだろう。

　表6-1を見てわかるように，話し合うために必要なことを事前に綿密に準備・想定しておくことが効果的なファシリテーションの基礎スキルだといえるだろう。事前の準備・想定なしに，話し合いを効果的にファシリテーションすることなどできない。話し合いのファシリテーションとは，「出たとこ勝負」の働きかけなどでは決してないということである。

　表に「⑤プログラムデザイン」とあるように，1時間の授業と同じく，そのなかで行われる一つひとつの話し合いも「始め－なか－終わり」のある1つのプログラムのように捉えて準備・想定しておくことが重要である。そのために，①～④に示されることを準備・想定し，子どもたちによる話し合いが円滑に進むように働きかけることが，ファシリテーターとしての教師には求められる。

　次の例は，小学校6年生の社会科の授業において「縄文時代から弥生時代に変化したことランキングベスト3をつくろう」という問いをもとにして子どもたちが3，4人グループで話し合いをしている場面で，その様子を見守っていた教師が「気になるなあ」と思ったときにグループに対しておこなった声かけである。

「どこまで進んだの？」
「なんでこれが1位なの？」
「ああ，そういう理由ねえ。なるほどねえ」
「どこで止まっているの？　あーここね。そっかそっか」
「みんなそれぞれ何て書いているの？　そこからもう一度拾ってみたら」
「あーおもしろいねー」
「あと，3位は違う見方をしてみたら？」
「他のグループのも見てきたら？」

　この声かけの意図について「確認させること，肯定すること，広げること，刺激すること，方向性を見せること，そうした内容を話していきます[*9]」と述べら

れているように，ファシリテーターとしての教師の声かけは様々な意図をもって行われていることがわかる。この教師はあくまで脇役として振る舞いながらも，単に相槌のような声かけに徹しているわけではない。場面に応じた必要な声かけを，意図をもって使い分けているのである。こうした意図をもった声かけや，「気になるなあ」から始まる声かけのタイミングを，教師の経験や勘による名人芸のようなものだとただ考えてしまうのではなく，話し合いのための必要な事前準備・想定をすることで誰もが行えるものとして捉え直すことが必要だろう。

　ここまでで確認したように，話し合いという活動一つをとってみても，よい話し合いの成立には，ファシリテーションの知見に学び周到に用意された必要な「技法」があることがわかる。このようなファシリテーションの基本的な技法や考え方が理解されないまま，アクティブ・ラーニングや主体的学びが教育実践において実施されているような状態のときは，しばしば「活動あって学びなし」と批判されるような，子どもたちがただ話し合いをしているだけのような実践になりやすい。単に話し合いをすること自体には学習としての意味はなく，子どもが協同して考えたり問題解決したりするための話し合い活動になってこそ意味がある。そのためには，ファシリテーションの知見に学びそれを理解することは，どの教師にとっても欠かせないものだといえるだろう。

　ただし，次のことには留意したい。それは，ここまでで見てきたファシリテーションの技法に関する議論は，基本的には1回の話し合いに焦点化して論じられたものだということである。学校の学習の場合は，同じ集団で話し合いをする機会は年間を通じて継続する。そのため，教師には，話し合いの経験を積み重ねるなかで，子どもたちにどのような話し合いができるようになってほしいかという願いや長期的な集団の成長の見通し（集団づくり）といった視点をもつ

＊9　佐々木潤「社会×ファシリテーション②　個別最適な学びと協働的な学びを支えるファシリテーターとしての教師」ネットワーク編集委員会（編）『授業づくりネットワークNo.44　教室の中の多様性とファシリテーション』学事出版，2023年，91頁。

ことも重要となるだろう。

■ 4. 主体的学習を超えて ── 学習主体の育成へ

　教師が一方向的に子どもに知識を伝達するような授業に対して，「教師は伝達するのではなく支援するのだ」「一斉学習をやめてグループ学習の場面を増やすべきだ」といった意見が出されることは多い。「主体的学び」や「アクティブ・ラーニング」といった標語のもとで，学習活動や教師の振る舞いを様々に工夫する取り組みがなされているのはここまで見てきた通りである。しかし，1時間の授業のデザインを工夫したり，教師の関わりを変えるだけで子どもたちを学習の主人公にすることができるだろうか。この問題を考えるにあたって，小学校教員の土居正博が紹介する次のような教室の風景は示唆的である。[*10]

- ・子どもたちの雰囲気はよく，あまり問題は起きないが，いざ授業になると子どもたちは自信をもって発言したり，積極的に活動したりしない。
- ・休み時間は元気いっぱいみんなで遊んでいるが，授業中はシーンとしている。
- ・発問・学習活動に力を入れ，良い授業をつくろうとしているが学級はあまり落ち着かない。
- ・教材研究をバッチリして授業に臨んでいるが，子どもは乗ってこず，教師の独り舞台のような授業になりがちだ。

　土居は，こうした状況が生じるのは「授業を通して子どもを『育て』，学級を『育てる』こと」が欠けているからだと指摘する。教師が苦心して「わかる授業」をつくり，子どもたちに働きかけていくことは大切である。しかし，そうした教師の熱意や善意が結果として，子どもを「お客さん」にしてしまい，授

＊10　土居正博『授業で学級をつくる』東洋館出版社，2022年，18頁。

業に「やらされ感」を持ち込んでいないかという点には注意が必要である。「ア
クティブ・ラーニング」や「主体的・対話的で深い学び」が多様な活動や課題
を子どもに「与える」ことに留まっている限りでは，本当の意味で子どもたち
は学習主体になり得ていないのかもしれない。

　果たして子どもたちが学習主体になるとは一体どのようなことなのだろうか。
子どもたちが学習主体となるためにはどのような働きかけが重要なのだろうか。
ここからは，「子どもたちの学び方の指導」と「子どもたちの学習規律の指導」
という 2 つの視点から考えてみよう。

(1) 問う主体を育てる──子どもの学び方の指導

　教師は子どもたちに授業で取り扱う知識を覚えてもらいたい，あるいは深く
考えてもらいたいと願うし，時には「これは大事だから覚えておいて」「よく考
えて」といった言葉にすることもある。しかし，その際に「覚え方」や「考え
方」の指導をどれほど行っているだろうか。

　ベネッセ教育総合研究所が行った「小中学生の学びに関する実態調査　速報
版」（2014 年）では，「学習上の悩み」として「上手な勉強のやり方が分からな
い」を選択した小学生は 39.9%，中学生は 54.7% であり，多くの子どもたちは
学習方法について悩み，試行錯誤していることがわかる。[11]例えば，記憶術を
上手に指導する教師に教えられた生徒とそうでない教師に教えられた生徒とを
比較した実験研究では両者の間にテストの点数の差が見られたとする指摘であっ[12]
たり，あるいは，上手な勉強の仕方が理解できるようになることが授業に対す
る意欲の向上につながったという指摘[13]がなされているように，「学び方」の問題
は決して軽視できるものではない。こうした調査からは，子どもたちから発せ
られる「勉強がわからない」という声には，「教科書に載っている内容や先生の

＊11　ベネッセ教育総合研究所「小中学生の学びに関する実態調査　速報版」2014 年（https://berd.benesse.jp/up_images/research/Survey-on-learning_ALL.pdf：2023 年 2 月 14 日閲覧）。
＊12　ジョン・ハッティ，グレゴリー・イエーツ，原田信之（訳者代表）『教育効果を可視化する学習科学』北大路書房，2020 年，252–254 頁。

説明がわからない」ということだけでなく，時に「どうやって勉強したらよいのかわからない」というメッセージが含まれている可能性が見えてくる。それは同時に，「学校では知識は教えられていても，知識の獲得の仕方はあまり教えられていない」という問題を提起するものであり，場合によっては「先生が赤字で板書したところを暗記しておきなさい」といった形で学校こそが子どもたちに質の低い学び方を「隠れたカリキュラム」^{*14}として教え込んでいるかもしれないことを示唆している。だからこそ，ここで注意しておきたいのは，子どもたちに学び方を教えるといってもそれはテストでよい点をとることを目的とした暗記テクニックや効率的勉強法のようなものに限られないということである。学校教育が学習塾とは異なる存在でありたいと思うのならば，学校において指導すべき学び方は，教科内容により深く迫り，子どもたち自身に自己学習能力を獲得させるようなものでなければならない。

　学び方の指導の具体的方法は，教師が目指す子ども像によっても，対象とする教科や教材によっても異なってくることになるが，決して特別な学習スキルのようなものばかりでなく，授業で用いる基本教材である教科書の読み方一つとっても様々な指導が可能である。例えば，社会科の高校教師の山﨑圭一は，「聖武天皇が奈良で大仏を作った」といったような「事実」ばかりが並ぶ歴史の教科書はつまらないものだということをふまえつつ，しかしそれは逆にいえば，「本当に面白いことは教科書に書かれていない」という。それゆえ，教科書を面白がるヒントは，人物や事件の裏側にある人の心や行いへの「想像をふくらませること」あるいは「登場人物につっこみを入れるように対話」することにあ

＊13　東京大学社会科学研究所・ベネッセ総合教育研究所「子どもの生活と学びに関する親子調査2021」2022 年（https://berd.benesse.jp/up_images/research/pressrelease_20220414.pdf：2023 年 2 月 14 日閲覧）。

＊14　「隠れたカリキュラム」とは，教師が明確に教えようと意図したわけではないにもかかわらず，学校生活を通して知らず知らずのうちに子どもに学ばれている事柄を意味している。例えば，ランドセルや名簿の色によって，「男は黒，女は赤」といった区分けが印象づけられたり，授業中の教師の板書において「黄色のチョークで書いたところは重要でテストに出る」と言った事柄が自然に子どもに学ばれていくことが挙げられる。

り，そうした読み方を促すことで社会科への関心が生まれてくると提案している[*15]。ここでは，教師が教材研究の際に行っているような「教材への引っ掛かり方や解釈の仕方」そのものを子どもに開示しているのだと見ることもできるだろう。

　その他にも，授業のなかで何気なく行っている活動の意味をきちんと子どもに明示していくといった方法も考えられるだろう。例えば，理科の実験を行う際に「仮説をたてる⇒観察や実験を通して仮説を検証する⇒結果について考察し，結論を導く」といった流れがよく行われるが，それぞれの活動の意味やポイントなどがどれほど子どもに意識されたり，教えられているだろうか。授業において行われる様々な活動は，教師にとっては「当たり前」であったり，教育的意図をもったものであっても，子ども自身がそれを意識できているかは別である。教師に言われるままに実験を遂行できるというだけでなく，「この問題を解決するためにはこういう条件で実験をしないといけない」といった認識を子どもに育て，子ども自身に自律的な学習能力を育てていく必要がある。

　改めて，「教師は授業において教育内容だけを教えているのではなく，同時に子どもの学び方を育てている」ということを強調しておきたい。授業は子どもたちが学校を卒業すると同時に終わるが，子どもの学びは卒業後も生涯にわたって続いていく。教師の支援がなくては学べない子どもではなく，自ら問い，自ら学ぶ子どもを育てようと思うのならば，子どもたちの学び方を育てる手立てとその手立てを活用せざるを得ない授業の場面を日常的につくっていくことが必要となる。

（2）自律する主体を育てる――学習規律の指導

　多くの場合，授業は学級という場で複数の子どもたちを相手に行われる。そうであるがゆえに，子どもたちを学習の主体に育てるためには，一人ひとりの

＊15　河出書房新社（編）『嫌いな教科を好きになる方法，教えてください』河出書房，2022年，82–87頁。

子どもに目を向けるだけでなく，みんなで主体的に授業に参加するための姿勢を学級につくり出していくこと，すなわち学習規律の指導が必要となる。

　まず，**学習規律**とは何かについて考えてみよう。学習規律とは，「学習する集団のなかでつくり出され共有された学習に関する価値観やそれに基づいた行動や態度」というように定義できる。例えば，「お互いのことを大切にして学習する」「分からないことは放っておかないようにする」といった考え方が子どもたちのなかに内面化されていて，実際にそのための行動ができるという状態が学習規律が保たれた状態だといえる。

　とはいえ，「お互いのことを大切にして学習しよう」といった声かけを教師がいくら繰り返したところで簡単に子どもたちに内面化されるわけではない。そこで，学習規律を具体化するための手段として具体的なきまり（ルール）が必要となる。「お互いのことを大切にして学習する」という学習規律に即していえば，例えば，「発言するときは先生ではなく友達のほうを向いて発言する」「友達の発言を聞くときには，発言者のほうに体を向けて聞く」といったきまりを設定し，そのきまりを守ることを通して学級のなかに規律を生み出していくことになる。ここで重要となるのが，**規律ときまりの区別**である。ここまで述べてきたように，きまりは直接守ったり，決めたりするものではあるが，規律はその結果として生じてくる内面的なものである。つまり，何らかの学習規律を子どもたちに身につけさせたいと思えば，それを具体化したきまりを設定することが重要になるし，逆にいえば，何らかの規律をイメージすることのないままに設定されたきまりは，それ自体を守ることが自己目的化してしまったり，子どもからすれば意味不明なものになってしまうというリスクを抱えているということである。例えば，読者のなかでも，授業のなかで友達の発言に対して「同じでーす」というきまりが形骸化したまま無意味に繰り返されるという経験をした人も多いのではないだろうか。

　したがって，本章のテーマである学習主体の形成という観点からすれば，学習規律の指導は子どもたちが学習の主人公としての自覚をもち，行為することを促すものでなければならないし，なによりも教師がつくった一方的なきまり

を守らせる指導だけでなく，子どもたち自身が自分たちの授業のきまりについて意見を述べたり，つくり変えたりする機会をつくり出していくことが重要となる。

　例えば，図工の作品をつくる際にザワザワしてしまう状況に対してどのように指導するか，という場面を取り上げて考えてみよう。実践者である土居は，[*16] おしゃべりによって集中が乱されることはわかりつつも，「おしゃべり禁止」というルールを押しつけることにも違和感をもち，子どもに次のように尋ねる。「正直言って，先生はみんなが集中して，楽しく作品作りをしてくれれば良いと思っています。そこで，考えてみてほしいのですが，シーンとした中でやりたいですか。それとも友だちと相談し合いながら作りたいですか。どっちの方が良い作品が作れそうでしょうか」。こうした問いかけに対して子どもたちは議論を行った末に「基本はシーンとした中で作って，途中途中，話したり立ち歩いたりしていい相談タイムをつくる」というきまりをつくり出したとされる。

　必ずしも授業におけるきまりは教師がつくらないといけないというわけではない。むしろ，「話し合いの仕方は……」「話し方は……」という細々としたきまりが決められた教室では，どれだけ授業の展開が「アクティブ」なものであっても，子どもたちには「黙って先生の言うことに従う」という規律が形成されかねない。果たしてそのきまりは本当に必要なのか，何のためにあるのか，といったことを教師は熟考したうえで，きまりに込められたねらいを日々の授業の場面場面で子どもに語りかけたり，子どもとともに考え直したりする機会をもつことが重要である。

　ただし，実際的には子どもたちが「みんなで決めたきまり」のほうが「先生が勝手に決めたきまり」よりもよほど強迫的で強制的なものになることは少なくない。そうしたきまりが結果的に，きまりを守ることや暗黙の了解に従うことが難しい子どもに対して同級生からのより強い批判を生み出してしまいかねないことにも注意が必要となる。「みんなで決めたきまり」に対しても，時に教

---

*16　土居，同前掲，238頁。

師は「やりたい人だけでいいじゃないの」といったようにゆさぶってみたり，まずは「やる気のある人たちでできることから始めていく」といった手立てをとりながら，子どもたちに「みんなで」学ぶための学習規律を考えさせていかなければならない。[*17]

■5. 学習主体を育てるための発展的指導構想

　ここまで見てきたように，学習主体というのは，子どもたち一人ひとりが自分たちの学習について考え行為することができる自立した学習者となることを意味している。ここでいう「自立した学習者」としてどのようなイメージをもつかは唯一の正解があるわけではなく，教師一人ひとりが学習主体のビジョン，すなわち育てたい子ども像や学級像をもつことが必要となる。とはいえ，4月の学級開き当初からそのビジョンを子どもに押しつけてもそれが簡単に実現するわけではない。それゆえ，例えば表6-2のように，長期的な学級づくりのスパンで，目指すビジョンに向けた学習主体の発展イメージをもって計画的に指導していくことが求められる。

　表6-2の発展イメージは，必ずしも「第一フェーズが終わったら次に第二フェーズへ……」といった段階（ステップ）を意図したものではない。学級びらき当初から，第四フェーズのような論争的な場面が授業で展開されることもあれば，子どもたちが十分に育った後でも聴き方の指導などが行われることも当然あり得る。

　このような発展イメージを構想し，指導していくうえで重要となることは，学習主体や学習規律のイメージだけでなく，授業展開のイメージと合わせて構想することである。なぜならば，その時々の学習規律を必要とせざるを得ない授業展開や学習課題を準備しなければ，子どもたちにはきまりの必然性や意味を

---

*17 深澤広明「ルールを『つくり変えていく』プロセスへ」『心を育てる学級経営』2003年4月号，11頁。

表 6-2　学習主体の発展イメージ例

第一フェーズ　対面する主体
　教師や他の子どもに対して，視線を合わせたり，体を向けたりといった身体的な応答をすることができる。授業への主体的参加の第一歩として，子どもの表情や身体的な応答をよく見て，値打ちづけていく。

第二フェーズ　応答する主体
　教師の話や友達の意見にうなずいたり，反応したりすることができる。話の聞き方や発言の仕方などを重視して指導を行う。

第三フェーズ　表明する主体
　学習課題に対する自分の考えを表明したり，「わかりません」「もう一度言ってください」といった要求を出すことができる。授業のなかでは子どもたちのつまずきや「わからない」を大切にした展開を意識する。

第四フェーズ　対話する主体
　自分の考えをもちながら，教科内容に向かって他者と対話したり，議論したりすることができる。授業においては，子どもたちの間で多様な意見が出たり，対立が起きるような発問や学習課題を設定する。

出所：深澤広明・長谷川清佳・真嶋正文・溝上大輔「学習集団づくりの組織方法と言語技術の指導体系との関連に関する一考察」『教育学研究紀要（CD-ROM版）』第 54 巻 1 号，2008 年を参考に筆者作成。

感じることは難しいからである。例えば，話し合いのルールを様々に設定したとしても，そもそも授業のなかで話し合う場面が乏しければ，子どもたちの学習規律にはつながっていかない。あるいは，「○○くんとちがって」「詳しく言うと」といった「**接続語の指導**」を通して他の子どもの意見と絡み合った発言を子どもに求めたとしても，そもそも教師が提示する発問が「正答か否か」に限定されたものであれば，子どもたちが論争する余地はほとんどなくなってしまう。子どもたちが自立した学習者として主体的に授業に参加してもらいたいと願うのであれば，本節で考えてきたように，そのために必要な力や姿勢を育てていくこと，そしてそうした力や姿勢を使わざるを得ない場面を授業のなかに組織し，使うことで学びが深まったという経験を積み重ねさせていくことが不可欠となるのである。

＊

　本章では，子どもたちを学習主体とするための指導のあり方について論じてきた。前半では，主に授業展開のなかで子どもの主体的参加を促す方法につい

て論じた。「アクティブ・ラーニング」や「主体的・対話的で深い学び」といった近年の動向をふまえつつ，子ども同士の話し合いを促進する教師の役割としてファシリテーションが重要であることを論じた。さらに後半では，教師によるその時々の活動促進の工夫だけでなく，子どもたちを「学習主体として育てる」という観点から，学び方や学習規律を育てていく方法について考えた。言うまでもなく，「学習主体を育てる」という仕事は短期的に成果を出すわけでもないし，テストの点数のように目に見えて数字に出るわけでもない地味な仕事である。しかし，「主体を育てる」という意識のないところでの授業は，いくら円滑に進んでいても教師に依存しただけの学びとなってしまったり，その結果，生涯にわたって学び問い続ける力を子どもたちに育てることにはつながらないのかもしれない。教育の究極的な目的が子どもの自立にあることに立ち返りながら，あらためて「私たちは授業で何を教えているのか／教えるべきなのか」という問題について考えてみてもらいたい。

▶▶▶ Book Guide

土居正博『授業で学級をつくる』東洋館出版社，2022 年。
教科内容の習得だけでなく，授業を通して子どもや学級の学習態度や学習能力を高めていく方法について論じている実践的な著書。

ネットワーク編集委員会（編）『教室の中の多様性とファシリテーション（授業づくりネットワークNo.44）』学事出版，2023 年。
授業のなかのファシリテーションに関心をもつ教師や研究者の実践的知見について取りまとめられた 1 冊。「授業づくりネットワーク」は「異質な者どうしの学び合い」を掲げており，時事的な課題やテーマについて多様な立場からの提案や議論を行っている。

▶▶▶ Key Word

主体的学び／社会構成主義／ファシリテーション／隠れたカリキュラム／学習規律／規律ときまりの区別／接続語の指導

第7章

授業研究をすることで授業づくりの力量を上げることができる

Introduction ·····

　授業研究をなぜするのだろうか。教師は授業者として優れた授業を実践することを心がけるとともに，多くの人に授業を参観してもらい，参観者からアドバイスをもらうことでよりよい授業になるように日々研鑽を積んでいる。その一方で，授業を実践するだけではなく，参観者として授業を分析することで授業づくりの力量を形成することも求められる。というのも，参観者として授業を見ることで，自分の授業を見直すことにつながるからである。

　授業研究は，多くの場合，1人の教師が中心となって授業をし，それを多くの教師で参観する。その際，授業をただ眺めるのではなく，記録をとることが重要である。ただし，この記録をとるとは，単に写真や動画で記録してアーカイブをつくることだけを意味しない。本章で注目したいのは，記録とは文字化することだということである。というのも，文字化することで授業がより見えるようになるからである。具体的には，板書，指示，発問，授業展開の仕方などの具体的な教授行為を授業者はどのようなタイミングで行っていたのか，何を根拠にその教授行為を行っているのかといった諸法則や原理・原則などを明らかにすることにつながる。また，授業観，指導観，子ども観などその授業者の教授行為に関わる哲学についても同時に明確にすることにつながるのである。

　けれども，担任を含め，多くの教師が，授業以外の仕事に日々追われているた

め，授業の見方や記録をはじめ分析の仕方など，授業研究の方法のレパートリーを学ぶ機会が少なくなってきているのではないだろうか。そこで，本章では，授業研究の方法のレパートリーを学ぶことによって，授業づくりの力量形成につながることを目指す。

....

▊ 1. 授業研究とは何か

今日では，授業を研究する国際的な動向として，**「授業研究」**というキーワードが日本から世界に広がり，注目を集めている。具体的には，授業研究の直訳語である「Lesson Study（レッスン・スタディ）」が世界へと広がっている。

伝統的には，日常的に使われている「研究授業」という言葉に対して「授業研究」という呼び方を用いることに次のような意味がこめられてきた。

「研究授業」は，事前に提案授業を決められた教師が行い，それをほかの教師に「見せる」という傾向が強い。これに対して，「授業研究」とは，日常の授業をみんなで「見合い」，検討し合ってよりよい授業をつくり出す諸要因や諸法則を明らかにする志向性が強いものである。こうした考え方の背後には，授業を「名人芸」的なものにするのではなく，だれが，いつでも「教える」ことのプロとしての授業の力量を高めなければならない，という意図や願いが存在している[*1]。

研究授業のような日常の授業とかけ離れた，単に見せることを目指したよそ行きの授業ではなく，日常の授業をつくり変える機会に変えなければ，せっかく授業を実践したとしても教師の力量形成にはつながらない。授業研究では，単に特定の教師による「名人芸」を披露するのではなく，教師同士で日常の授業をつくり出すための諸要因や諸法則を協同的に導き出すことが目指されてきた

---

*1　吉本均（著），白石陽一・湯浅恭正（編）『現代教授学の課題と授業研究（学級の教育力を生かす吉本均著作選集5）』明治図書出版，2006年，179頁。

のである。それは，「教室の事実」に基づいてその根拠となる授業観を教師同士ですり合わせ，深めていくことを意味する。例えば，教師や子どもの発言，行為一つひとつをめぐって，丁寧にその意味の背景についてふり返る。そうすることで，授業をつくり出す原理・原則を教師同士で見つけ，日常の授業をつくり変えるのである。

■ 2. 授業をどう見て，どう記録するか

　ここでは，自分や他の先生の授業を見ることによって，授業づくりの力量を形成する方法を考えてみたい。そのためには，次の 2 つに着目する。(1) 観察の視点，(2) 記録の取り方，である。

(1) 観察の視点：教室において授業を見る立ち位置
——どこから見るか，何を見るか

　授業を参観するとき，教室のどこに立って，何を見ているのだろうか。実習のときに教室の一番後ろに立って授業全体を見ることや，授業者である担当の教師と子どもたちの状況によっては迷惑にならないよう廊下に立って授業を見ることもあるだろう。

　授業を参観する場合，「授業をどこから見るか」，「授業の何を見るか」はポイントである。学生の教育実習は，始まる前と後では大きく異なる。小学校から大学まで学ぶ者（学習者）として授業を受けてきた見方では見えなかった授業の世界が，教える者（授業者）として授業を観察することで見えてくる授業の世界がある。それは，自分が授業をするという「教える者」という立場に変わったからであり，「授業をよくするためにはどうしたらよいか」という問題意識のもと，見る位置や視点をもって授業を参観するからである。では，実際に授業を見た場合を考えてみよう。[*2]

[*2]　佐藤学「授業という世界」稲垣忠彦・佐藤学『授業研究入門』岩波書店，1996 年，124–125 頁。

まず，参観者が，「教室の前方の側面」から教師や子どもたちの様子を参観する場合，子どもの学びの具体的な姿とともに，教師と子どものやり取りの様子も見ることができる。また後ろからでは見えなかった子どもの表情や授業への向き合い方もよくわかる。

　次に，参観者は，「教室の一番後ろ」から参観する場合，教師の教授行為がよくわかる。特に，全体への説明，指示，助言，発問といった指導言や評価言も全体に向かって言っているのか，特定の子どもに向かって言っているのかなどである。

　なお，「教室の前方」の位置は，授業者への授業妨害になる可能性があることや，参観者に慣れていない子どもにとって，参観者を意識するあまり授業に集中できなかったり，見られていることで緊張したりして，その学級の子ども本来の姿を見ることができない場合もある。それゆえ，事前に授業者に対して了解をとることも必要である。

　学級に入ってただ授業を眺めていては，その授業の特徴や子どもの様子を理解することはできない。大切なのは，授業を見るときの問題意識なのである。例えば，子どもの意見を反映する板書になっているかという問題意識のもと，子どもの意見を全部書くのか，まとめて書くのか，何を書いて何を書かないのか，そうした書く，書かないといった教師と子どもたちとの合意形成のやり取りを見るためには，子どもの表情が見える「教室の前方」のほうが黒板の傍のためよいだろう。または板書全体をどのように構成しているのかを見るためには，「教室の後ろ」から見ることで板書全体がはっきり見える。

(2) 授業の記録：授業を見て，必要な事柄を記録する力
――「言語」だけではなく「非言語」にも注目する

　授業の記録をとる意味として，写真や動画を録画することだけが記録ではない。**授業記録**の一例として，図7-1にもあるように，T-C型授業記録（T-Pの場合もある）がポピュラーなものとして挙げられる。こうした授業記録をとることで，授業を分析し，ふり返ることができるのである。T-C型授業記録では，授

業は，「T(teacher)」＝「教師」と「C(child)」＝「子ども」のやり取りから成り立っており，そのやり取りの言語表現の部分のみを再現したものである。

　ここでは，図 7-1 を手がかりにその内容を整理する。

　まず，個人情報に配慮が必要であるため，日にち，学校名，授業者の氏名，児童・生徒の所属（学年や組），発言者の固有名詞などの代わりに，個人が特定されないように数字やアルファベットを使用するなど配慮が求められる。具体的には，図 7-1 において，20XX 年 X 月 XX 日，A 小学校，B 先生などがそうである。また，教師の発問，説明，指示などを記載する「教師の教授行為」と子どもの発言，つぶやき，関わり合いなどを記載する「子どもの学習行為」，最後に「気づき」を記載する際にも，個人情報の配慮が認められる。例えば，「T1」とは，教師の 1 回目の指導言を意味する。「Ca」とは，「C」は「子ども」で，「a」は「all ＝全員（もしくは，おおよそ全員）」を意味する。それゆえ，図 7-1 において「C1（3 班）」とは，子どもたちによる 1 回目の発言で，3 班からを意味する。次に，「C4a」とは，子どもたちによる 4 回目の発言で，全員からを意味する。さらに，「C6」とは，子どもたちによる 6 回目の発言で，ある一人の子どもからを意味する。なお，教師の指導言と子どもの発言を文字化した授業記録のことを「ベタ記録」と呼ぶこともある。「気づき」の欄は，授業中に「教師の教授行為」や「子どもの学習行為」の欄などに記録しながら書くこともあれば，授業後に思い出して書くこともある。ここで強調したいのは，文字になっているからこそ，後になっても気づきが書けることである。また，文字化することで再度考え直すことができ，授業の分析をより一層深めることができるのである。

　こうした授業記録の登場によって，授業を参観した者は，参観した授業を印象のレベルで分析するのではなく，授業を客観的に記録した基礎資料を用いて，分析することができるのである。それゆえ，以下のような意義が確認されてきた。

　　授業記録に基づいて授業を検討することによって，授業に対する印象批

〈授業記録ノート〉

20XX年　X月　XX日　A小学校　3年X組

教科・教材　国語（詩：○○○○）　　　　授業者　B先生

教師の教授行為	子どもの学習行為		気づき
13:50			
T1　始めようか。			
	C1 (3班)	今やっていることを止めてください。	3班が日直班
			一斉に静かになる
	C2 (3班)	姿勢！	
	C3 (3班)	今から5時間目の学習を始めよう。	
	C4a	始めよう！	いつもの声かけ？
T2　では，○○○○を1回読んでくれる人？			
	C5a	はい！	一斉に挙手
			（手はグーの子どももいる）
T3　じゃ2班。			班指名
	C6	（2班の子どもが読む）	班ですぐ読む
			子どもが決まり読み始める
T4　今のどこがうまいか言える人？			
	C7a	はい！	ほぼ全員が挙手
T5　はい，Dさん。			個人指名

図7-1　T-C型授業記録の具体例（授業記録ノート）

出所：三村和則「授業研究方法論——広島大学教育方法学研究室の事例分析」『沖縄国際大学人間福祉研究』第1巻第1号，2003年，100頁をもとに筆者作成。

評的な分析は，その客観的な根拠を具体的事実の記録に基づいて示すことができたり，逆に記録に基づくことによって授業批評が修正されたりすることも可能になるのである。このように授業記録が作成されることによって，授業は客観的な研究対象となりえたのであり，授業の科学が構築されはじめることができたのである。[*3]

このように授業を見た印象だけで授業の価値を判断してはならない。例えば，小学校の国語「ごんぎつね」において，兵十がごんを火縄銃で「ドン」と撃った後，ごんに駆け寄った兵十が火縄銃をバタリと取り落とした最後の場面での授業実践の事例を取り上げる。

これまでの場面はごんの視点から書かれていたが，最後の場面は兵十の視点から書かれているので，教師は兵十の思いを子どもたちに問うよう「火縄銃をバタリと取り落とした時の兵十はどんな顔をしていたでしょう？」という発問をなげかけた。そうすることで，子どもから「おどろいた顔」「しまったという顔」「ああという顔」などの意見が出てくる。そのうえで，「どうしてそんな顔になったのか」と聞くことで，「くりや松たけをもってきてくれたことを知らずにうってしまった」「とんでもないことをしてしまった」といった兵十の思いになった発言が子どもたちから出てくる。[*4]

この事例を分析すると，「火縄銃をバタリと取り落としたときの兵十の気持ちはどんな気持ちでしょう？」と問うよりも，「火縄銃をバタリと取り落としたときの兵十はどんな顔をしていたでしょう？」という子どもたちの発言が活発になるような教師の発問と，その後の子どもたちの発言といった客観的な根拠に基づいて分析することで，優れた発問の法則性（「五感に訴えた発問づくり」）が導き出せるのである。

---

*3　深澤広明「授業記録」吉本均（責任編集）『現代授業研究大事典』明治図書出版，1987 年，526 頁。
*4　豊田ひさき・門川之彦『子どもに寄りそう学級づくり・授業づくり』近代文芸社，2005 年，168–172 頁。

なお，T-C型授業記録においても，非言語に注目して記録することも可能である。例えば，子どものしぐさ，表情，姿勢，身ぶり・手ぶりなどである。具体的には，図7-1の「T2」の「では，○○○○を1回読んでくれる人？」と教師が発言した際，教師は誰を見て発言したのか。特定の子どもや班のほうを見て発言したのか，それとも全体を見て発言したのか。また，「C6」の「（2班の子どもが読む）」とあるが，どんな表情，姿勢，スピード（身ぶり・手ぶりはあったのか）で読んだのか，トーンや間の取り方はどうだったのか。こうした非言語的表現や授業の雰囲気に注目して記録することも重要である。[*5]

ただし，T-C型授業記録の課題として，第一に，観察し記録することがしやすい教師の目に見える活動や言葉の分析になっていること，第二に，T-C型授業記録によって教師が一人称になるとともに子どもたち一人ひとりの固有名と個性が失われ，授業における出来事の成立した複数の根拠やその意味の関わりの分析が行われにくくなること，が挙げられる。[*6]

こうしたT-C型授業記録の課題を考える手がかりとして，次節で言及するカルテと座席表の取り組みが挙げられる。

◼ 3. 固有名詞の子ども一人ひとりを見る力を形成する
——カルテと座席表

授業を見て，記録する問題として，教師が授業前に構想した指導案どおりの流れで実践すれば，全員が「わかる」授業になる，またそうしなければならないと誤解した授業像が前提にあることが挙げられる。このような授業像において，はたして一人ひとりの子どもは本当に「わかる」ことができているのであろうか。つまり，教師の構想した授業に子どもを合わせる授業の問題である。こ

---

*5　船越勝「授業分析の方法論」奈良教育大学教科教育学会（編）『新しい授業学への展望』渓水社，1994年，188–189頁。
*6　佐藤，同前掲，113頁及び131–136頁。

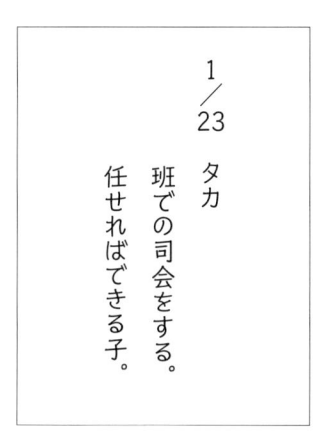

図 7-2　カルテ（メモ帳サイズのカルテ）
出所：上田薫・静岡市立安東小学校『個が深まる
　　　学び──安東小学校の挑戦』明治図書出版，
　　　2005 年，26 頁をもとに筆者作成。

うした授業像とは違い「ひとりひとりの子を生かす」ことを目指した静岡市立
安東小学校での授業実践は，1967〜2011 年の 44 年間継続して取り組まれた歴
史がある。特に，安東小学校で用いられたカルテと座席表は，日本の授業研究
史においても高く評価されている。

　まずカルテは，「子どもについて教師が意外な発見をしたときにつくるメモの
ことであり，時間をおいてそのメモをつなぎ合わせて解釈しなおしていくこと
を通じて，教師の子ども理解，人間理解を深めるものである」[7]。

　次に座席表は，「子どものプロフィールや教師の願い，また授業に先だっての
意見や感想，授業中の考えや行動を記録するものである。これは，カルテによ
る子ども理解を授業実践につなぐツールとしても機能している」[8]。ただし，授業
研究のときに，授業の記録をとる媒体として，座席表の枠はあるが，枠内に何

＊7　田上哲「子どもと教育」日本教育方法学会（編）『日本の授業研究：Lesson Study in Japan──
　　授業研究の歴史と教師教育（上巻）』学文社，2009 年，67 頁。
＊8　同上。

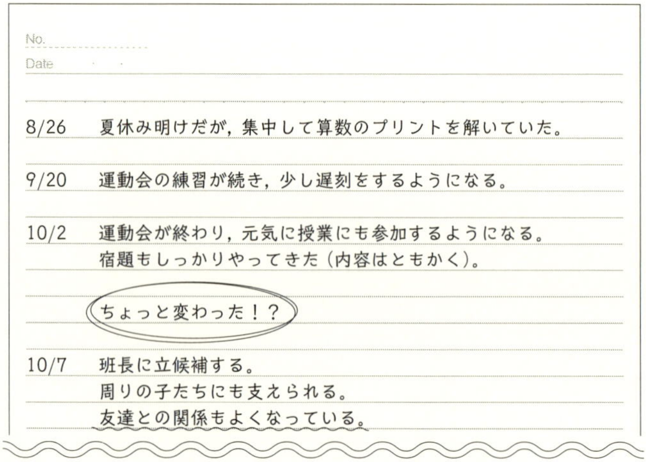

図7-3　カルテ（ノートに記載のカルテ）
出所：上田・静岡市立安東小学校，同前掲，27頁をもとに筆者作成。

も書かれていない「白紙座席表」というものがある。なお，こうした座席表は，教師がカルテとして使用する場合と子どもたち自身がディスカッションの際に使用する場合がある。教師がカルテとして使用する場合は，「教師が子どもの発言や行動の相関関係を見渡す授業記録」として，子どもたち自身が授業のディスカッションの際に使用する場合は，「子どもたちが仲間や教師の考えをメモすることで，自分の考えの相対的な位置を見極めたり，考えをまとめたりする『自己評価ツール』として活用できる[9]」。

　カルテについては，様々な形式がある。ここでは，2つのカルテを紹介したい。

　図7-2のカルテは，気づいたときに素早く書けるようにメモ帳に記録している。こうして記入したメモはポケットに入れ，はがき入れのケースに保管して

＊9　伊藤実歩子「授業記録の歴史をひもとく──教育方法学にとってのエビデンスとは何か」田中耕治（編著）『戦後日本教育方法論史（上）──カリキュラムと授業をめぐる理論的系譜』ミネルヴァ書房，2017年，194頁。

1. どのようなことにも活発に取り組み，積極的に発言する様子も見られるようになってきた。このようなよい点を評価し，引き続き励ましていきたい。	7. 友達のことを第一に考えるリーダーである。ルールを守って誰に対しても平等に接している。友達のよいところを気づかせながら，リーダーとしての資質を伸ばしていきたい。	13. 人の話にしっかりと耳を傾けることができる。自分の考えを書いて，のびのびと表現している。コミュニケーション力にも自信がもてるよう，育てていく。
2. ルールを守り，とにかく頑張っているが，自信がもてないのか，自分の考えを表現する場面では緊張してうまく表現できないことがある。引き続きよさを認めながら，励ましていく。	8. 前向きで，知的好奇心が豊かであるが，時々自分の意見が前面に出ることもある。リーダーシップを発揮しつつ，友達のよいところを気づかせながら育てていきたい。	14. 明るく積極的で，自分から進んで発言したり，仕事に向き合ったりするのが得意である。今後は，じっくり考えたり，友達と協調したりする姿勢を養っていきたい。
3. 真剣に取り組む姿勢が見られるが，友達との交流は少なく，休憩時間には読書をしていることが多い。今後は，意図的に友達と関わる機会をつくっていく。	9. どんなことにも真剣に取り組み，よく頑張っている。声は小さいが，積極的に発言する姿勢も認められるようになった。これからもそのよさを認め，励ましていきたい。	15. どんなことにも前向きに取り組み，努力を重ねている。言語面での課題に対しては個別にサポートを行い，達成感を感じられるような経験を積んでほしい。

図7-4　座席表

注：ここでは全員で36人の座席表の一部である9人分を取り上げた。
出所：上田・静岡市立安東小学校，同前掲，28–29頁をもとに筆者作成。

いる方法がある。次に，図7-3のカルテは，ノートにその日にあった出来事を名前と内容だけを記入する方法である。[*10] こうしたカルテは，一人ひとりの子どもの成長や変化を時間軸に合わせて見直すことができる。

　このようにカルテの開発とともに，カルテで理解した子どもを授業で生かしていくために座席表が誕生した。先述したように，授業研究のときに，授業の記録をとる媒体として，白紙座席表を参観者が記録するために配布されたりしている。図7-4の座席表は参観者が記録するのではなく，授業者がカルテで書

---

*10　上田薫・静岡市立安東小学校『個が深まる学び——安東小学校の挑戦』明治図書出版，2005年，26–27頁。

きためてきたことをもとにして，ある時点で一度立ち止まって，白紙座席表に全員分書き込むことで，一人ひとりのとらえを整理し，**子ども理解**を深めることにつながる。また，学級全体の子どもの姿を一枚の座席表に書き込むことで，それまで気づかなかった子どもの姿や子ども同士の関係が見えてくる。[11]

　なお，図7-4の座席表は，「年度当初の子どものとらえ」が書かれたものである。座席表は，T-C型授業記録と違い「年度当初の子どものとらえ」と，例えば，2学期の子どものとらえとして作成した座席表とを比べることで，継続して**固有名詞の子ども**の成長や子ども同士の関係の変化を見ることができる。また，授業者の教師が事前に作成した座席表を授業研究では共有するとともに，授業後には参観者と協議することで，座席表が修正されたり，書き加えられたりすることもある。最後に，近年の座席表は，学級内の「しんどい」子どもや発達障害のある子どもがどこにいるかを示したり，その子のニーズや特性などを記入したりしている場合もある。

■ 4. 授業協議会において授業分析の力を高める

　ここまで記録をとることの意義や方法について整理してきたが，記録をとることが授業づくりの力量を高めるわけではない。大切なのは，記録に基づいて授業を分析し，解釈することである。ただし，授業を単に1人で分析するだけではなく，その分析を参観者が一堂に会して議論する授業協議会に注目したい。この授業協議会では，参観者の分析と授業者のふり返りをふまえて**授業分析**がより深められるのである。以下では，授業協議会で行われている代表的な方法として，付箋紙を使った分析と授業カンファレンスによる分析を紹介したい。

（1）付箋紙を使った分析

　今日，授業協議会では，付箋紙を使った分析が試みられている。こうした試

＊11　同上，28–29頁。

```
┌─────────────────────────────────────┐
│              付箋の台紙               │
│  ┌──────────────┐  ┌──────────────┐  │
│  │ 子どもどうしが │  │              │  │
│  │ 話し合いをしや │  │    付箋を    │  │
│  │ すい座席配置に │  │   貼っておく  │  │
│  │ なるように工夫 │  │ (20 枚程度)  │  │
│  │ されている。  │  │              │  │
│  └──────────────┘  └──────────────┘  │
│                                       │
│  【付箋の書き方】(例)                 │
│  ■太目のペン, 大きめの字で簡潔に書く   │
│  ■下の【今日の視点】に沿ってコメント   │
│    する                               │
│  ■ 1 枚には 1 つの事柄を書く          │
│  ■まずは, 起きていたこと, 感じたこと,  │
│    考えたことを「指摘」することが第一   │
│  ■改善案を示すのは協議の場で           │
│                                       │
│  【今日の視点】(例)                   │
│  ■研究主題「子どものコミュニケーショ   │
│    ンの活性化」が図られているかどうか   │
│  ■具体的にはどのようなコミュニケー     │
│    ションが見られたか                 │
└─────────────────────────────────────┘
```

図 7-5　模造紙の台紙
出所：横浜市教育センター (2009), 12頁
をもとに作成。

みは，授業研究の協議会をワークショップ型にすることを目指すものである。以下では，横浜市教育センターのワークショップ型の協議会に注目する。[*12]

　そもそも，学校における授業研究が意図的・計画的に行われていない点や授業研究が行われても時間の制約や同席者の経験年数，立場の違いなどの人間関係上の配慮により協議会において十分に意見交流ができていないことが横浜市の調査により，見えてきた。そこで横浜市教育センターでは，授業研究にワークショップの手法を取り入れたのである。その結果，①協議会におけるコミュニケーションの活性化，②人間関係・チーム力の向上，③教科を越えた授業研

＊12　横浜市教育センター（編著）『授業力向上の鍵――ワークショップ方式で授業研究を活性化！』時事通信出版局，2009 年，8–31 頁。

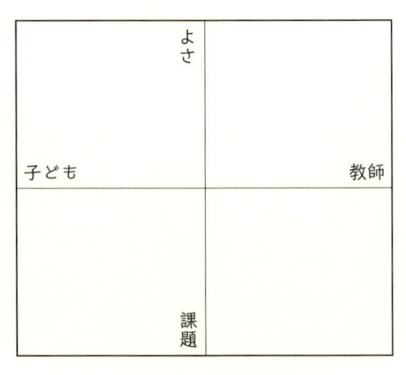

図7-6　模造紙の例
出所：横浜市教育センター，同前掲，11頁
をもとに作成。

究，④異校種間での相互理解，といった効果が確認されている。[*13]

　具体的な方法としては，授業前に参観者には，図7-5のような台紙に付箋を20枚程度貼って渡しておく。台紙には，授業を見る視点やコメントの書き方などを示しておくと授業後のグループでの協議がしやすくなる。また，この方法に慣れてきたら使用する付箋は，例えば，黄色（よい点），桃色（疑問，改善を要する点）のように使い分ける。授業中は，参観者は授業を参観しながら図7-5で示された「今日の視点」から気づいたことを付箋に書いていくのである。なお，協議会では，図7-6のような模造紙を事前に準備することで，協議会のときに付箋を貼って，整理しやすくなる。[*14]

　こうしたワークショップ型の授業研究にも課題は存在する。授業研究の文化が根付いていない学校が初期のスタートダッシュにワークショップ方式を利用するのは有効ではあるものの，ある程度授業研究の文化が高まった学校では，従来どおりの口頭による検討会が適していることもある。口頭の検討会であれば，ディスカッションの流れで本質を極める討論が可能であるのに対して，ワーク

---

*13　同前，9–11頁。
*14　同上，11–12頁。

ショップ方式だと，多様な気づきが議論の俎上に上がり過ぎるために，議論が拡散してしまう可能性があるからである。そのため，ワークショップ方式で検討する場合は議論を深めるために議論の流れやファシリテーターの役割の追求が求められる。または，口頭のディスカッションをファシリテートする方法を追求する必要がある。[*15]

　このことに加え，横浜市教育センターのワークショップ型の授業研究の場合，授業中に付箋を書くことが述べられていたが，授業後に授業中に記録した授業記録に基づいて付箋を書く時間を設ける方法もある。この場合，授業記録に基づいた根拠（エビデンス）のある気づきを提案することができる。

　このようにワークショップ型の授業は，授業研究の初期の段階には有効である。ただし，議論を深め，本質に迫る授業研究がより一層求められるのはもちろんである。そこで次項では，授業者自身が実践をふり返り，授業力量を高める「授業のカンファレンス」に注目したい。

(2)「授業のカンファレンス」による分析

　「授業のカンファレンス」は，1980 年代の初めより稲垣忠彦によって試みられてきた授業分析の方法である。ここでは，稲垣の論考に注目する。[*16]

　そもそもカンファレンスとは，医師が臨床の事例に基づき，その事例に対する参加者が自身の判断を出し合って検討を進め，より適切な診断を求めるとともに，そのような検討を通して専門的力量を高めていくものである。授業においても同様に事例の検討を通して力量形成を目指すものである。「授業のカンファレンス」の具体的な方法は，以下のとおりである。

＊15　千々布敏弥「研究に寄せて──横浜市教育センターの研究体制と本書の意義について」横浜市教育センター（編著）『授業力向上の鍵──ワークショップ方式で授業研究を活性化！』時事通信出版局，2009 年，154–155 頁。

＊16　稲垣忠彦「授業と授業研究を開くために」稲垣忠彦・佐藤学『授業研究入門』岩波書店，1996年，211–228 頁。

①研究の中心は，共同でみる授業，またはビデオによる授業の記録であり，併用することもある。映像によって授業を記録することにより，授業で見落としていた子どもの表現をとらえ，子どもへの理解を深めることができる。

②研究会では，その授業に対する意見，判断を交換し，相互に授業を見る目をひろげ，深めていく。

③同じ教材を用いて二人の教師がそれぞれに自分の案で独自に授業を行い，その比較を通して，それぞれの授業の特質や問題点を検討する。[17]

　このような方法をとることで，例え同じ教材であっても授業には様々な違いが生じてくる。そうした方法を教師は選択・判断している。教師の選択・判断の背景には教師自身の個性や経験が反映している。こうした教師の個性や経験をふまえ授業を検討し，意義と問題点を明確にすることを通して授業に対する知見を広げることが可能になる。その際，授業者だけではなく，参加者も気づいたことや考えたことを自由に発言することで，自身の授業観を問い直す機会にもつながる。なお，2つの授業の比較は，いずれかの優劣を評価するものではない。[18]

　「授業のカンファレンス」を実施した学校では，従来の研究授業の型を崩し，2つの授業を見て，自由に，対等に意見を交流する過程が存在していた。その過程について次の3つが挙げられる。第一に，従来の研究の形式性への反省である。すなわち，これまでの研究では，「仮説－検証」が目的になり，研究の中心にいる教師に依存してしまう傾向になることや研究授業のための授業となり日常の授業改善につながらないことが挙げられる。第二に，あらかじめ定められた仮説，視点にとらわれることなく，参観者がそれぞれの授業の事実に即して気づいたことや考えたことを自由に発言することである。事実に即した発言

＊17　同前，211–212頁。
＊18　同上，212頁。

は自由であり，対等であることから，経歴や職歴に関係なく，発言の内容の意義が重視された。とりわけ，「若い教師の発言に，子どもの立場や感覚に寄り添った新鮮な発言があり，参加する養護教諭や，図書館で子どもに接している職員の子どもについての発言が，特定の子どもについての認識を新たにする場合が多かった」ことが挙げられた。第三に，授業に対するコメントにおいて，正答は存在しないことである。こうした事例研究では，正否・優劣を評定するのではなく，授業という複合的な事実を見る目を広げ，深めていくことが求められる。[*19]

「授業のカンファレンス」は形式的な研究授業の型を崩し，事実に基づいた教師たちの自由な発言を取り入れ，固有名詞の子どもの視点から授業を分析する機会をつくり出した。

以上のような付箋を使ったワークショップ型の授業研究や「授業のカンファレンス」は，若手教員の多い今日において重要な示唆となる。というのも，一人ひとりが自由に発言し，意見交換する点は，閉ざされてきた授業研究のあり方をひらいていくことにつながるからである。

■ 5. 事実に即した子ども理解をすることで授業分析がより深くなる

授業研究では，授業記録を活用し，具体的な事実を検討することを通して授業の力量形成を行うことは重要である。けれども，授業の事実から，授業の善し悪しを安易に決めてはならない。例えば，「教師が準備した教材はとても面白く，子どもたちの発言を多く引き出していた」授業だからとてもよかったというのは，教師の視点からしか授業を見ていないのではないだろうか。むしろ，教師だけではなく，子どもの視点から授業を見て，授業をふり返る必要がある。

教師の指導には，「なぜそのような指導を行ったのか」という理由がある。だ

---

*19　同上，212–216頁。

からこそ，授業中の事実だけに目を向けるのではなく，その指導の背景についても分析する必要がある。というのも，以下のような子どもの視点に立つことでその教師の指導の判断をつくり出す子ども理解が明確になるからである。

　　教師が，ほとんど意識せずに行っているように見える日々の子どもへの働きかけや対応も，その判断の底には何らかの子ども把握があり，それをふまえての判断になっているはずである。そうした無意識的であるように見える教師の対応，指示，働きかけを具体的に取り上げることによって意識化させ，その判断の底にある子ども理解に光を当てて分析し，働きかけの適否を考え，意識的な実践として総合していくことをめざしてきた。[20]

すなわち，教師の一つひとつの働きかけや対応の事実から，授業において教師がそのような判断に至った理由について検討することで，その教師の子ども理解に光を当てて授業を分析していくことが可能になるのである。

こうした子ども理解をふまえることで，授業協議会が教室での子どもの学びの事実に即した内容になるのである。その際，どのような授業協議会が求められるのであろうか。以下は事実をふまえた分析の方法を取り入れた授業協議会のあり方を提起したものである。

　　優れた経験を積み上げた教師は，授業を観察しても〈評価〉は行っていない。どこで学びが成立したのか，どこで学びがつまずいたのか，どこに学びの可能性があったのか，それらを事実に即して詳細に省察し考察して自分自身の学びに専念するのが，専門家として成熟した教師の授業研究である。このスタイルを授業協議会において実現する必要がある。そのためには，授業のよしあしを〈評価〉し〈助言〉するのではなく，教室の学び

＊20　福井雅英『子ども理解のカンファレンス──育ちを支える現場の臨床教育学』かもがわ出版，2009 年，151–152 頁。

の事実から学び合う授業協議会を実現する必要がある[*21]。

　こうした事実に即して詳細に授業を分析することが提起されている。しかしながら，今日の授業研究において，「授業評価表」や「授業チェックリスト」のように項目（「全員に聞こえる声で明確に発問・指示している」など）や具体例が記載されたシートが授業協議会において活用されることがある。例えば，項目ごとに「大いにあてはまる」「あてはまる」「あてはまらない」「全くあてはまらない」という 4 段階で評価されている[*22]。確かに授業を参観するうえで何を見たらよいかの手がかりになり，授業協議会でもその項目や具体例について検討することが可能となる。ただし，以下のような問題点も指摘されている。

　　　……授業改善への取組において，評価点の低い項目が「問題点」にすり
　　替えられ，授業成立の契機となるような「1 つの発言」をめぐっての「意
　　味の多様性や背景の多重性」について交流する機会を失うことになり，授
　　業改善に至る多様な方法や多元的な視点があることに気づきにくくなる。さ
　　らに言えば，こうしたチェックリスト的な，一見もっともらしい項目が並
　　んでいる「授業評価表」には，暗黙的な「よい」授業のイメージが前提と
　　してつきまとっているといえよう[*23]。

　「授業評価表」のように事前に見る項目や活動に注視していくことも 1 つの方法である。ただし，上記の指摘にも見られるように授業の事実に対して教師自身の解釈を加えていくことで授業改善の多様な方法や多元的な視点に気づく機会になる。すなわち，授業の事実をめぐって参観者一人ひとりのそれぞれの視点から，それぞれの解釈を述べ合うことでしか，子どもの発言の意味をめぐっ

＊21　佐藤学『学校を改革する――学びの共同体の構想と実践』岩波書店，2012 年，40 頁。
＊22　深澤広明「新教授学理論に学ぶ（第 3 回）：『よい』授業の教授学」『現代教育科学』2010 年 6
　　　月号，103–104 頁。
＊23　同上，104 頁。

て，その発言の意味の多様性や背景の多重性について深めていくことはできないのである。

　以上から，今日では授業を記録したり，分析したりする授業研究の方法のレパートリーは，数多く存在する。けれども，大切なのは，その方法の意味を理解し，どのような授業をめざすのかを絶えず問い続けることが必要である。

▶▶▶ Book Guide

稲垣忠彦・佐藤学『授業研究入門』岩波書店，1996 年。
教室を「学び合う場所」へと変革することへ向け，授業研究の歴史をふり返り，子どもと教師がともに育ち合う授業のあり方とそのための方策が整理されている。

恒吉宏典・深澤広明（編）『授業研究　重要用語 300 の基礎知識』明治図書出版，1999 年。
授業研究を中軸とした教育実践の理論と課題，歴史と原理をふまえ，教育実践の事実がわかり，教育実践の事実をつくり出す 300 の重要用語（キーワード）が整理されている。

日本教育方法学会（編）『日本の授業研究：Lesson Study in Japan（上・下）』学文社，2009 年。
世界に広がっているレッスン・スタディのモデルとなった日本の授業研究の起源，歴史，授業研究の理論・方法，及びその現状などに関して体系的で実践的な内容が整理されている。

▶▶▶ Key Word

授業研究／授業分析／授業記録／固有名詞の子ども／子ども理解

第 8 章

子どもの育ちを促す
学習評価を行うことができる

Introduction ··

　評価，という言葉を聞いて，読者の皆さんはどのようなことをイメージするだろうか。評価するということは，「高い」「低い」を判断したり，「1」や「5」といった数値を付与したりして程度を判断したりすることであるが，そうした価値判断をするために，価値判断の根拠となる資料・情報を収集する必要がある。例えば，ペーパーテストに解答させたり，課題を与えてそれに答えさせたりすることが評価のための資料収集である。このように，評価するということは大きく分けて，評価資料を収集することと価値判断することとを含む。

　本章では，評価するということの意味や機能を明らかにし，上述の 2 つのプロセスを意識しながら，評価を豊かに機能させるための方法を明らかにしたい。

··

■ 1. 何のために評価するのか

(1) 何を評価するのか，何のために評価するのか

　教育評価の目的は，「子どもたちをネブミして，序列・選別することではなく，教育実践それ自体に反省を加えて，修正・改善することである[*1]」。教育活動を評

価することによって，教育活動を反省し，改善することが教育評価の目的である。

　教育評価は，教育活動の評価であるから，基本的には，当該の教育活動がよいものであったのかということを考えればよい。しかし，教育活動の善し悪しを考えるためには，その教育活動を行った結果，子どもがよりよく育ったのか，よりよく学んだのか，といったことを考えざるを得ない。教育活動は，子どもの育ちや学びのために行われるものだからである。よって，教育評価の中心には，学習評価を位置づける必要がある。

(2) 評価はどのように機能するのか

　評価することによって教育活動の改善を図る，という教育評価の目的のもと，指導したことを適切に評価し，その評価に基づいて次の指導につなげるという**「指導と評価の一体化」**の重要性が指摘されてきた。「指導と評価の一体化」には，2つの意味が含まれている。第一には，評価の結果を次の指導に生かしていくという意味での一体化であり，第二には，評価すること自体を指導にしていくという意味での一体化である。[2]

　第一は，ここまで述べてきたように，評価したことを指導に生かすという考え方である。授業の結果としての子どもの学びの様子をテストやプリントなどを通して確認して（評価資料の収集），その出来・不出来を判断して（価値判断），授業のどこがうまくいって，どこがうまくいかなかったのかを判断したうえで，授業のあり方を見直すことである。[3]評価することを通して，当該の教育活動がどのように子どもの育ちを促しているのかを把握して，より一層，子どもの育ちを促すことができるように修正・改善するのである。

　第二は，指導として評価する，あるいは，評価することによって指導すると

＊1　田中耕治『教育評価』岩波書店，2008 年，83 頁。
＊2　諸岡康哉「指導と評価の一体化（フィードバック）」恒吉宏典・深澤広明（編）『授業研究　重要用語 300 の基礎知識』明治図書出版，1999 年，230 頁。

いう考え方である。例えば，子どもの姿を見て教師が「よくできたね」と言えば，子どもには「その姿を継続しなさい」というメッセージとして伝わる。評価すること自体が指導として機能しているということだ。評価情報を子どもに伝えることで，子どもに，自身の育ちの見通しを指さしたり，それまでの自身の学びのふり返りを促すことにもなる。子どもが自分で自分の学びをふり返ることができるように促す，つまり評価する主体（評価主体）として育てることにもなる。そのことによって，子どもの育ちを促しているのである。

　この 2 つの意味をもつ「指導と評価の一体化」という考え方をふまえれば，いずれにせよ，教育活動にとって評価は重要である。

　それでは次に，評価するにあたっての課題や，どういったことに気をつける必要があるのかといったことに迫りたい。評価は大別して資料収集と価値判断の 2 つのプロセスに分かれるので，それぞれの局面に区分して考えてみよう。

■ 2.　評価資料を収集する

(1) 何を評価したいのかを決める——評価対象としての学力とは何か

　評価のための資料を収集するにあたって，まず，何を評価したいのかを考えてみよう。本章のテーマである「子どもの育ちを促す評価」という表現にある「育ち」という言葉が何を意味するのかということである。教育は子どもを育て

＊3　教育評価の 3 つの機能，すなわち，診断的評価，形成的評価，総括的評価，のなかでも形成的評価を重視する意味合いである。教育評価の 3 つの機能とは以下のようなものである。第一に，生徒の「出発点の状態をはっきりさせて，授業をそれに適したものにしようとする」（ブルーム，1973 年，125 頁）のが診断的評価である。教育を行う期間の最初の段階で子どもの前提や予備知識を把握するために行う。第二に，「学習課題の習得の程度を決定することであり，かついまだ習得されていない課題はどの部分かを正確に指摘する」（同上，89 頁）ものが形成的評価である。「学習者の成績をつけたり認定したりすることが目的なのではない。完全に習得するためにはどんな課題が必要かを，学習者と教師の双方に明らかにすることが目的」（同上）である。第三に，「全課程あるいはその 1 部分について達成された学習成果の程度を把握する」（同上）のが総括的評価である。
　B. S. ブルーム，J. T. ヘスティングス，G. F. マドゥス，梶田叡一・渋谷憲一・藤田恵璽（訳）『教育評価法ハンドブック——教科学習の形成的評価と総括的評価』第一法規，1973 年。

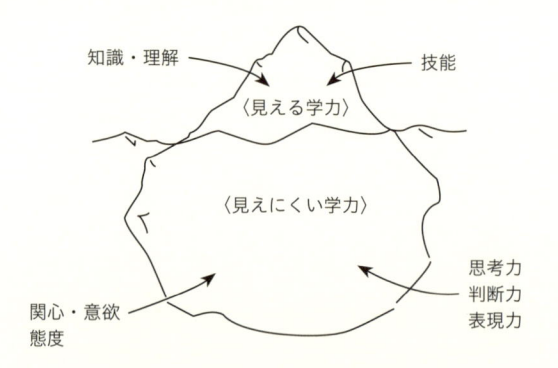

図 8-1　見える学力と見えにくい学力

出所：梶田叡一『学力観・評価観の転換（教育における評価の理論 1）』金子書房, 1994 年, 86 頁をもとに作成。

るために行っているわけだから評価するべき対象は，子どもの姿である。もっといえば，「こう育ってほしい」という願いに照らした子どもの姿である。「こう育ってほしい」という願いを，より具体的に示したものが，目指す学力，資質・能力と言われるものである。

　各学校での評価に影響を与えるものとして指導要録がある。それは在学する児童生徒の学籍や，指導の結果としての学習を記録するものである。指導要録の「指導に関する記録」は，「観点別学習状況」と「評定」から成っている。例えば，2019 年の文部科学省による通知で示された小学校指導要録（参考様式）において国語などの各教科の観点は「知識・技能」「思考・判断・表現」「主体的に学習に取り組む態度」である。これらを学力として子どもの姿を評価することが推奨されている，といえる。

　梶田叡一は，図 8-1 のように，学力を氷山になぞらえて，見える学力と見えにくい学力とに区別して捉えた。[*4] 例えば，「鉄棒で逆上がりができる」という技能に習熟しているかどうかは実際に鉄棒に取り組ませてみれば，それなりに容易に見える。「平行四辺形の面積の求め方を理解している」かどうかを見るために，図 8-2 のような問題を出して式と答えを書かせることも多い。ただし，この問いで見えてくるものが本当に「平行四辺形の面積の求め方を理解している」

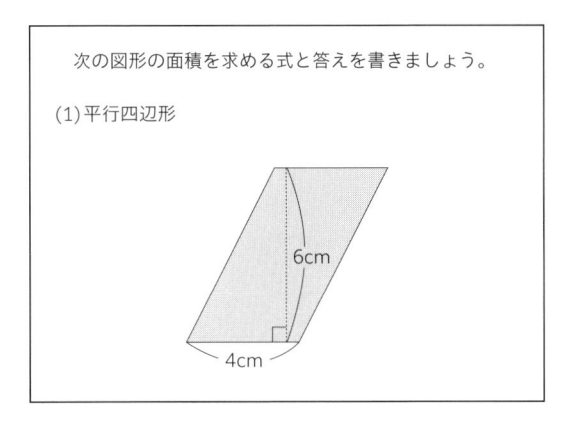

図 8-2　全国学力・学習状況調査 A 問題の一例
出所：国立教育政策研究所「全国学力・学習状況調査　小学
校　算数 A」2007 年をもとに作成。

かどうかはじっくり考える必要がある。問題中に数字が 4 と 6 しかなければ，
勘で「4 × 6 = 24」と答える可能性もあるからである。例えば，4 の隣り合う
辺に「7cm」と書き加えて問いにすれば，本当に「平行四辺形の面積＝底辺×
高さ」と理解しているかが，より正確に見えてくるだろう。調査が実施された
年は異なるものの，どちらも小学校 6 年生を対象にした調査で，図 8-2 の問題
の正答率は 96.0％，図 8-3 の問題の正答率は 85.3％であった。

　思考力・判断力・表現力は，より複雑である。「新たな情報と既存の知識を適
切に組み合わせて，それらを活用しながら問題を解決したり，考えを形成した
り，新たな価値を創造していくために必要となる思考」，「必要な情報を選択し，

＊4　氷山に喩えながら見える学力と見えない学力とを区分する捉え方は，梶田（1994）に先行して，
　　岸本（1981）が次のように述べたものである。
　　　「氷山を思い浮かべて下さい。氷山というものは，大部分が海面下に沈んでいて，八分の一だ
　　けが海面上に姿を見せています。子どもの学力も，それと似ているのです。テストや通知簿で
　　示される成績は，いわば見える学力なのです。その見える学力の土台には，見えない学力とい
　　うものがあるのです」（岸本裕史『見える学力，見えない学力』大月書店，1981 年，23 頁）。
　　　図 8-1 のような氷山モデルは，梶田が 1994 年当時の新学力観をあてはめて，より具体的に
　　描いたものである。

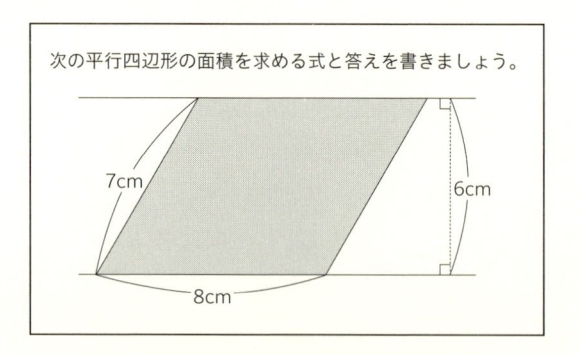

次の平行四辺形の面積を求める式と答えを書きましょう。

7cm

6cm

8cm

図 8-3　全国学力・学習状況調査 A 問題の一例
出所：国立教育政策研究所「全国学力・学習状況調査　小学
校　算数 A」2008 年をもとに作成。

解決の方向性や方法を比較・選択し，結論を決定していくために必要な判断や
意思決定」，「伝える相手や状況に応じた表現」といったように，思考力・判断
力・表現力は複雑な取り組みのなかで発揮されるものとして想定されている[*5]。
どういう状況において，どのような思考，判断，表現がなされれば，思考・判
断・表現ができているといえるのか，ということを考え，こうした複雑な取り
組みを準備して見とる必要がある。

　関心・意欲・態度などの非認知能力を測ることも困難である。例えば，授業
への意欲を発言回数のみ，あるいは，挙手回数のみで測ろうとするのは，単純
化しすぎだろう。学習者が授業に意欲をもっているかどうかは，発言回数や挙
手回数のみならず，発言内容やノートの記述内容などにも表れる。確認しやす
い形で明確に表れなくても，他者の発言に深くうなずく，疑問の表情を浮かべ
るなどといった形で表れることもある。

＊5　中央教育審議会「幼稚園，小学校，中学校，高等学校及び特別支援学校の学習指導要領等の改
　　善及び必要な方策等について（答申）」，2016 年，30 頁。

（2）評価方法を決める —— どのような方法で評価資料を収集するのか

　評価したいものの測り方について考えるとき，測りたいものをどのような方法で測ることができるのかを考える必要がある。それと同時に，測れそうな方法でその測りたいものを測ったとき，それは測りたいものの全体を測れているか，ということも考えなくてはならない。ミュラー（Muller, J. Z.）は，至る所で評価が求められる昨今の状況を「測りすぎ」と指摘して，そこでの「一番簡単に測定できるものしか測定しない」「標準化によって情報の質を落とす[*6]」といった事態を懸念している。発言を頻繁にするあまり人の話を聴いていないAという子どもと，じっくり考えるがゆえになかなか発言には至らないBという子どもの意欲を測る場合，発言回数だけで意欲を測れば，Aが高評価，Bは低評価という評価結果になるだろう。これで妥当な評価といえるだろうか。

　評価方法を考える際に図 8-4 のような分類は手がかりになるだろう。この図は，横軸で見れば，左に筆記，右に実演（パフォーマンス）が配置されている。厳密にいえば筆記も実演に含まれるが，筆記と筆記でない実演とが対置されていると考えてよい。縦軸で見れば，上に「単純」なもの，下に「複雑」なものが配置されている。大ざっぱにいえば，基本的には，見える学力を測ろうとする方法が上部，見えにくい学力を測ろうとする方法が下部に分類されている。

　ペーパーテストによって測定されるような実際の生活から断絶された知識や理解などではなくて，実際の生活などに近い文脈において生きて働く力を評価しようとするものとして注目を浴びている評価方法が**パフォーマンス評価**（図 8-4 の右下）である。生活から断絶された知識が形成されることの何が問題なのか。次のエピソードを読んでほしい。

　　「わたくしの子どもの一人は中学生なんだが，ある時，食卓までカードをもちこんで何かをおぼえている。よく見ると，カードの表のほうに，三権

＊6　ジェリー・Z・ミュラー，松本裕（訳）『測りすぎ —— なぜパフォーマンス評価は失敗するのか？』みすず書房，2019 年，24–25 頁。

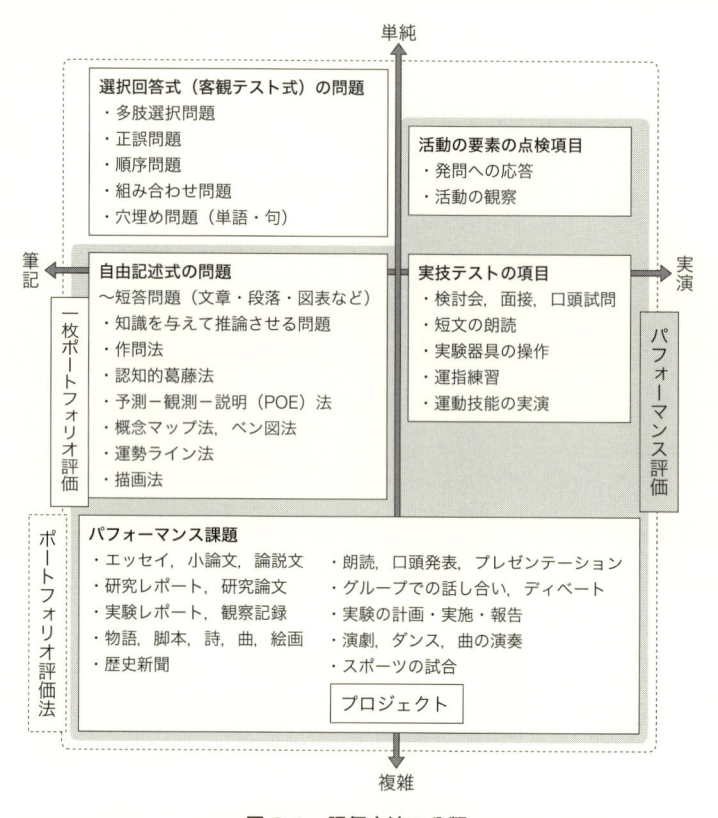

図 8-4　評価方法の分類

出所：西岡加名恵『教科と総合学習のカリキュラム設計』図書文化社，2016 年，
　　　83 頁をもとに作成。

分立ということばが書いてある。わたくしはそれにちょっと興味をもって，
『三権分立というのはなんだ』と聞いてみた。すると子どもが，『司法，立
法，行政』とたいへん鮮やかに答えてくれた。ところが，さらにわたくし
は『それではいったい，司法，立法，行政が分立するというのだが，それ
はどういう関係にあるということなのだ』と質問すると，息子はややためら
って，『お父さん，そういうのは試験に出ないんだよ』というのだ。

　こういう例は，わたくしの息子に限らないと思う。要するに，問と答の
間の距離がたいへん短くなっている一つの典型的な例だと思う[*7]」

　ここでは「三権分立とは何か？」という質問に対して「司法，立法，行政」とだけ答えることで「理解した」とみなすような表層的な学力形成が蔓延していることが危惧されている。そうではなくて，三権分立という概念が，子どもが生きる社会を考えるものとして生きて働くものとなっているか，ということを見とることができるようなパフォーマンス課題を課す必要があるだろう。

　こうしたことをふまえて，測ろうとしていることを測れる方法，測れる問いをつくったり，選んだりする必要がある。テストやプリントを自分でつくるのではなくて第三者の作成したものを活用する場合，すでに方法や問いは用意されているのだから，その方法や問いで何が測れているのかを考える必要がある。

■ 3.　価値判断する

　価値判断する，とは，収集した情報，つまり子どもの学びの姿を見て，その出来・不出来を判断する局面である。具体的には，できている／できていない，質の高い／低いを判断したり，1～5 の 5 段階で数値化したりする。この局面では，どのようなことを考える必要があるのだろうか。

(1)　価値判断するにあたって参照する枠組みのちがい

　評価資料に基づいて価値を判断するにあたって参照するものに応じて，**相対評価，目標に準拠した評価，個人内評価**という 3 つの区別が重要である。

　相対評価とは，集団内での相対的な（他者と比べた）位置によって実態を把握することである。相対評価では集団のなかでどのあたりにいるのか，がわかる。だから集団に準拠した評価ともいう。目標に準拠した評価とは，個人の状況を，他者との比較ではなくて，目標に照らして評価することである。目標に準拠した評価では目標に照らしてどのあたりにいるのか，がわかる。個人内評価とは，他者との比較でもなく，目標に照らすのでもなく，個人の評価を行うことであ

＊7　大田堯『学力とはなにか』ほるぷ出版，1984 年，170–171 頁。

る。過去の当人と比べて，今の当人がどのあたりにいるのか，がわかる。

　教師はどの参照枠組みに基づいて評価を行っているのか自覚しておく必要がある。教師は，他者と比べて，あるいは，目標と比べて，あるいは，過去の学習者と比べて，その学習者を見ているわけで，そうした見方が適切なのかということを自身に問い返す必要があるし，教師が評価する際の見方によって，学習者が自身の育ちをふり返るときの意識も変わるだろう。

　上述のとおり，指導要録の「指導に関する記録」の部分は「観点別学習状況」と「評定」から成っているが，「観点別学習状況」は 1980 年版以降，「評定」は 2001 年版以降，目標に準拠した評価を行うことになっている。

(2) 評価キジュンに基づいて判断する

　評価にあたっては 2 つの評価キジュンに基づいて判断する。1 つは**評価規準**であり，もう 1 つは**評価基準**である。通称であるが，前者を評価ノリジュン，後者を評価モトジュンともいう。評価規準は「学習者の成果物（パフォーマンスや作品）を評価する際に採用される観点，側面，枠組み」であり，評価基準は「学習者のパフォーマンス（作品や実演）がどの程度優れているか，つまり達成の度合いや，その水準・レベル」である。例えば，タイピング入力の評価として，「入力の速さ」と「誤字の割合」といった 2 つの評価規準に対して，「毎分何字以上」と「何％未満」といった量的な評価基準がありえる。[8]

　評価基準は，必ずしも量的な尺度であるわけではない。質的な尺度である場合もある。パフォーマンス評価が脚光を浴びる今日においては，多様なパフォーマンスに対してブレなく判断することを可能にするような質的な評価基準が求められている。それはルーブリックと呼ばれる（表 8-1 参照）。実践上の課題として，ルーブリックを取り入れても，その記述語の解釈の余地によってブレが生じ得るということは認識しておかなければならない。例えば，表 8-1 は口頭

---

[8]　石田智敬「評価規準と評価基準」西岡加名恵・石井英真（編著）『教育評価重要用語事典』明治図書出版，2021 年，44 頁。

表 8-1　口頭発表のルーブリックの例

5 － 優れている	生徒は探究した問いを明確に説明し，その重要性についての確かな理由を示している。結論を裏づける特定の情報が与えられている。話し方は魅力的で，文章構造は常に正しい。アイコンタクトがとれており，発表中，維持されている。トピックへの準備，組織，熱意についての強い証拠がある。視覚資料が発表をより効果的なものにしている。聞き手からの質問には，特定の適切な情報を用いて明確に答えている。
4 － とてもよい	生徒は探究した問いを説明し，その重要性についての理由を示している。結論を裏づけるのに適度な量の情報が与えられている。話し方や文章構造は概ね正しい。トピックへの準備，組織，熱意についての証拠がある。視覚資料に言及され，使用される。聞き手からの質問には明確に答えている。
3 － よい	生徒は探究した問いを説明し，結論が述べられるが，それを裏づける情報は 4 もしくは 5 ほど強くはない。話し方や文章構造は概ね正しい。準備と組織の様子がいくつか見られる。視覚資料に言及されている。聞き手からの質問に答えている。
2 － 不十分	生徒は探究した問いを述べるが，十分に説明することができていない。問いの答えとなるような結論は与えられない。話し方や文章構造は，理解はできるが，いくつかの誤りがある。準備や組織の証拠が不足している。視覚資料に言及されたり，されなかったりする。聞き手からの質問には，最も基本的なことしか答えない。
1 － 劣っている	生徒は，問いやその重要性を述べることなく発表している。トピックは不明確で，適切な結論は述べられない。話し方はわかりにくい。準備や組織の様子はない。聞き手からの質問には，最も基本的なことしか答えない，あるいは，まったく答えない。

出所：Wiggins, G. P. (1998) *Educative assessment: designing assessments to inform and improve student performance.* Jossey-Bass Inc., p. 166. をもとに筆者作成。[*9]

発表を評価する際のルーブリックであるが，「5 －優れている」に記述されている「話し方は魅力的」という記述語自体が多義的であり，当該の口頭発表が，ある評価者によっては「魅力的」であるかもしれないが，別の評価者にとってはそうではないかもしれない。ある性質を，偏りのある一方向に限定しないために，抽象的な表現にとどめる場合もあってよい。

---

*9　翻訳にあたっては，以下を参考にした。石井英真「ルーブリック」田中耕治（編著）『よくわかる教育評価［第 3 版］』ミネルヴァ書房，2021 年，54 頁。

■ 4. 評価と指導とをつなげる

　ここまでで得られた評価情報を，どのように指導につなげていけばよいのだろうか。指導と評価の一体化は，第一に，評価したことを指導に生かすという考え方，第二に，指導として評価する，あるいは，評価することによって指導するという考え方である。この2つに即して考えてみよう。

（1）評価を指導に生かす

　評価を指導に生かすためには，評価によって得られる評価情報の質を保証する必要がある。評価の質をよりよいものに高めるためには，評価を評価する視点が必要になる。評価を評価する視点として特に重視されてきたのが**妥当性**や**信頼性**といった概念である。

　妥当性とは，評価したいものを本当に評価しているのかを問う概念であり，信頼性とは，評価結果の精度や安定性を問う概念である。例えば，実際に生きて働く学力を測るために，ペーパーテストではなくて，パフォーマンス評価を活用しようとするのは，妥当性を高めようとしてのことだといえる。パフォーマンス評価を行うときに，ルーブリックを用いるのは，評価者が採点するタイミングによってブレが生じることがないようにするため，さらには，評価者間のブレをなくすため，すなわち精度や安定性を上げるためであり，これは，信頼性を高めるためのものだといえる。ここで挙げた例えは，妥当性と信頼性を高める一例にすぎない。妥当性を高める視点，信頼性を高める視点は，それぞれ他にもある。原則として，妥当性と信頼性，どちらも高い評価が目指されるべきだと考えられている。

（2）評価することによって指導する

　原則として，妥当性と信頼性，どちらも高い評価が目指されるべきだとしても，そのことは，あらゆる評価場面において首肯されることだろうか。評価がもたらす学びへの悪影響はたびたび指摘されてきた。

　　試験やテストは，学びを評価する道具として不十分であるだけでなく，価
　値の序列をつくり出す。生徒にはさまざまな違いがあるが，評定は，狭い
　範囲の行為について価値のありなしを宣言する。このような宣言は，尺度
　上の点に変換され，生徒を連続体上に位置づけることの客観的な根拠とな
　る。学校システムに参加するだけで，子どもや若者は，想像もしなかった
　ような形で，自分ができるかできないかを知るのである。[10]

　ここで指摘されているように，時として，評価は，様々な違いを度外視して，
狭い範囲の行為を対象にしようとする。それは，ある尺度（ものさしの）上の点
に変換して，子どもをそのものさしの上に並べるためである。それが，子ども
の評価についての客観的な証拠として取り扱われる。客観的な根拠に基づく評
価のために，いつ，誰が評価しても同じ結果が得られる，すなわち信頼性を高
めた評価をすることが大切である，という側面ばかりが強調されると，学習意
欲を「挙手の回数」で評価しようとするような単純化も問題ないかのように見
えてしまう。

　しかし，こうした単純化に対する多様な批判は，子どもたちの育ちを測定可
能な学力のみに矮小化し，その測定可能な学力の向上のみに固執して教育シス
テムが運用されることの問題点を指摘している。例えば，「教育の目的が，学習
への取り組みではなくテストで成功することになると，他の価値や意味は削ぎ
落とされてしまう。教育プロセスによって，創造性や好奇心，道徳的感受性，美
的感覚，正義感，異なる他者への寛容さ，仲間と協同する力が高まるかどうか
は，重要でなくなる」[11]といった指摘である。

　だから，評価場面によっては，信頼性に目をつぶってでも評価したいものを
本当に評価しているのかという妥当性をこそ求めなくてはならないこともある

＊10　ケネス・J・ガーゲン，シェルト・R・ギル，東村知子・鮫島輝美（訳）『何のためのテスト？
　　　評価で変わる学校と学び』ナカニシヤ出版，2023 年，46 頁。
＊11　同上，6 頁。

だろう。評価には，評価によって一人ひとりを指導する，一人ひとりの子ども
の育ちを促す，という機能もあることは上述の通りである。一人ひとりの子ど
もの育ちを促す方向で検討していくうえで，次のような指摘は重要である。

　　　伝統的な学校文化では，権威への服従が好まれる。（中略）多くの子ども
　　たちは，なぜ言われた通りにしなければならないのか，疑問をもつことは
　　ない。子どもたちはただ指示に従うのである。（中略）子どもたちが学びの
　　プロセスに積極的に参加しない限り，つまり，なぜそれをするのかという
　　理由に自ら関与し，活動に意味を見出さない限り，学校生活はすぐに無意
　　味な雑用になってしまうだろう。子どもたちはただ言われた通りにしてい
　　るだけで，教育はあっという間に強制に近づいていく。[*12]

　ガーゲン（Gergen, K. J.）らの指摘をふまえれば，子どもたちが自分たちなり
に意味づけできるような教育や学びが重要である。それに伴って，そうした育
ちを支える評価が求められる。ガーゲンらは，学校教育における伝統的な評価
の課題を，「まず，テストと成績は，主に生徒の『失敗（できていないことや足
りない部分）』に焦点をあてている」と指摘している。[*13] あらかじめ与えられた目
標・枠組みからだけで子どもを見る視点だけではなくて，一人ひとりの，その
子なりの育ちを認め，励ますような視点が評価には求められている。それは，子
どもに内在する価値を発見して，励ますような肯定的な評価である。これが，評
価することによって指導するということを考える際に重要な第一の点である。
　第二に，学びが，与えられようとしている知識や技能の個人的な獲得ではな
くて，一人ひとりの意味づけであり，そうした意味づけの交流であるとすれば，
そうした交流，すなわち授業内容をめぐる関わり合いの評価が求められる。

---

*12　同前，76–77 頁。
*13　同上，20–21 頁。

(3) その子なりの育ちを認め，励ます評価の実践

　第一に，その子なりの育ちを認め，励ます評価，第二に，授業内容をめぐる関わり合いの評価はどのようにして可能なのだろうか。

　例えば，長谷川清佳の実践では，算数の授業において，次のように評価の言葉が溢れている。

　　　活発な話し合いが進んでいるところを見つけては「ストープ」と言い，「今，このチームよかったよ。何が良かったかというと，S2 さんが K くんにどうしてここに線を引いたの？って聞いてたんだよ。これが大事だよね！」「またまた発見！このチームはみんなが発表している人に注目しているから話しやすいね。」「よく話してる所は頭が近づいているね。」「ここから分からないから教えてというのも大事！」と言った。[*14]

　長谷川の評価は，第一に具体的である。どんな姿がすばらしいのか，子どもにわかるように示している。第二に，S2 さんと K くんの会話，チームの話し合いの際の振る舞いや聞く姿勢といったような教科内容をめぐって関わり合う姿を評価している。達成した何かではなくて，達成に至るプロセスとしての関わり合いを評価している。子どもたちが自覚していない値うちを発見し肯定的評価を行っている。

(4)「否定の中に肯定を見る」

　肯定的評価をしたくても，ほめるところを見つけられないという声もあるかもしれない。この点について，値うちを発見する評価として，**「否定の中に肯定を見る」**ことの重要性があらためて提起されている。

---

*14　長谷川清佳「子どもたちが出会い直すための指導的評価活動：「評価」の再定義」深澤広明・吉田成章（編著）『いま求められる授業づくりの転換（学習集団研究の現在　vol.1)』渓水社，2016 年，64 頁。

子どもの予想をこえるねうちとは，たとえば，班長に注意されて行動を改めた，トラブルを起こす子どもの背景を教師に教えてくれた，一人だけ異説（つまずきも含めて）を主張しつづけた，などである。注意されるという面から見れば「否定」であるが，注意を聞き入れて行動を改めたという面では「肯定」である。つまずきは「正答主義」の授業観では「否定」だが，つまずきを活用してみんながより深い認識に至るチャンスとみれば「肯定」である。

　ここでも「ほめるところがない」ということはない。子どもの否定の中に肯定を発見して，子どもの言動を「読みかえる」ことでほめるべき価値を見出してあげるのである。[*15]

　このように，一見すると否定的な側面のなかに，肯定的な部分を発見し，そこを励まし，期待し，促し，要求することもできるだろう。

　以下の早田の実践には，子どものつまずき（否定）に内在する「よさ」（肯定）を教師と子どもとが発見する様子がうかがえる。

　（前略）次の問題を考えた。

> 　2dLで，板を 4/5㎡ぬれるペンキがあります。このペンキ 1dLでは，板を何㎡ぬれますか。

　図をもとに，4/5 ÷ 2 を立式し，問題を個人で考えた後，班でまとめさせた。そこでも図を使ったり，既習のかけ算で答えを確かめたりしながら，「分数のたし算，ひき算と同じように分子をわって考える。だから，答えは2/5。」という考えを多くの班がだしてきた。しかし，一つの班から「3/5

───────────

＊15　白石陽一「ほめる，指示する，合意形成する，説明する，実践記録を読む──もっとも基本的な指導方法を喪わないための試み」『熊本大学教育実践研究』第39号，2022年，68頁。

は」という説明が始まった。「問題は 4/5 なのに，何で 3/5 ？」という声がいくつも出た。全体が戸惑った顔をしている中，他の班から，「これは，わりきれるけど，分子がわりきれない場合があるからそれを考えたのでは？」の声がでる。説明を聞くと，「3 は割り切れないから，分母の方に 2 をかけて，3/10。だから，4/5 ÷ 2 は，4/10。」という。確かに，確かめの式をしてみると答えはあっている。でも，説明をまとめきれない。

　本時は，他の班の考えをもとに，「分数のわり算もたし算，ひき算，かけ算と同じように分子を整数でわると答えが求められる」ということはわかったけど，「では，わりきれない場合は，どうなるのか」という問いが残った。この考えが出たのは，「見つけた方法は，いつでも使えるものかを考える」ことを繰り返してきたからだと思う。[16]

　「3/5 は」から始まる説明は，本時に残った問いである「では，（分子が）わりきれない場合は，どうなるのか」の答えをあらかじめ探ったものになっていたのである。問題文と関係のなさそうな「3/5」から説明を始めたことは，一見すると「つまずき」に見える。しかし，それを受けとめて，そのわけを教師と子どもたちとが推察したり聴いたりすることによって，説明しきれるところまでは至っていないにせよ，「分母に 2 をかけることでも求められる」という意味理解（「見つけた方法はいつでも使えるものかを考え」た結果としての深い理解＝「よさ」）が共有されたのだろう。このように，子どもの声を受けとめて「わけ」を聴くことが，「つまずき」のなかの「よさ」をたぐりよせることもある。

＊16　早田雅子・八木秀文「『かかわり』ながら，全員で学びを楽しむ学級づくり」深澤広明・吉田成章（編著）『学習集団づくりが育てる「学びに向かう力」──授業づくりと学級づくりの一体的改革（学習集団研究の現在　Vol. 3）』溪水社，2020 年，128–129 頁。

■ 5. 評価主体を育てる＝子どもとともに評価する

　教育のねらいは，子どもに学ばせることだけではなく，子どもを主体的な学び手に育てるということでもある。子どもが主体的に学び続けるためには，自分のその学びを見つめ直し（評価し），自分なりに試行錯誤して歩んでいくことが重要である。学習主体を育てることは，評価主体を育てることでもある。

　そのためには，教師からの評価の視点やそれに基づく結果を子どもに伝達するだけではなくて，その解釈をめぐって子どもと議論を交わすことも必要になるだろう。子どもが納得できない，子どもと合意がとれない評価は，子どもの次につながらないからである。評価への子どもの参加も重要である。学期末に教師が通知表をつけるだけではなくて，子ども自身にも通知表をつけさせる取り組みなどもありうる。

　子どもの多様な声に耳を傾け，授業への評価の 1 つと受け止めて，授業のあり方を試行錯誤することもあってよいだろう。自分の声が，自分たちの学びを，自分たちの授業をつくり変えているという自覚こそが子どもを学習主体，そして評価主体として育てるからである。

　子どもの育ちを促す評価は，評価に子どもを巻き込む，その余地を授業や評価にもっておくことで可能となるだろう。

▶ ▶ ▶ **Book Guide**

ケネス・J・ガーゲン，シェルト・R・ギル，東村知子・鮫島輝美（訳）『何のためのテスト？　評価で変わる学校と学び』ナカニシヤ出版，2023 年。
画一化された教育とその評価という今日の学校が置かれた状況を指摘して，克服する方途を描いた一冊。

田中耕治『教育評価』岩波書店，2008 年。
教育評価の歴史，理論，方法が網羅された教育評価の基本書。

▶▶▶**Key Word**

指導と評価の一体化／パフォーマンス評価／相対評価／目標に準拠した評価／個人内評価／評価規準／評価基準／妥当性／信頼性／否定の中に肯定を見る

第9章

自分たちのことを自分たちで
決める学級づくりができる

Introduction ....

　「**学級**」という組織自体は，そこに所属する教師と子どもが誰であるのかを決めて，学校生活を過ごす場となる教室をあてがえば，少なくとも形式的にはつくることができる。しかし，学級づくりをする，あるいは，学級をつくる，というのは，そこに所属する人と教室を決めればそれで終わり，というわけではない。「あの先生は，学級づくりがうまい」と言ったり，聞いたりすることがあるだろう。つまり，人が配置されて教室があてがわれて学級が組織としてあるように見える状態をもって学級がつくられた，うまくいった状態だと考えられているわけではない。その学級が何かしらの状態にあるときに「学級づくりがうまい」と言っているのだ。学級が組織としてあるだけではなくて，組織として機能しているかどうか，ということに関わる問題である。

　人は，何をもって「学級づくりがうまい」と言っているのだろうか。例えば，「あのクラスは静かにしていて落ち着いている。あの先生は，学級づくりがうまいから」と言う場合，クラスが静かで落ち着いていることをもって「学級づくりがうまい」と言っている。では，学級づくりのゴールは，クラスを静かで落ち着いた状態にすること，なのだろうか。

　たとえ学級が静かで落ち着いている状態であっても，それが教師による不適切な関わりによってもたらされている場合もある。例えば，「強い叱責，懲罰，締

め付けなどの指導がされている」「多くの子どもたちが黙って高圧的な教師に従っている」「先生の顔色を見ながら子どもが動いている（考えて動けない）」などは，教室での不適切な関わりの事例として挙げられている。[*1]このように考えると，静かで落ち着いている状態であればよいというものでもない，といえるだろう。

　では，学級づくりがうまい，あるいは，よい学級づくりができる，というのは，何ができることを指すのだろうか。本章では，よい学級づくりとはどういったものなのか，どのようによい学級づくりを行えばよいのか，ということを検討する。

．．．

■ 1. 何のための学級づくりなのか

（1）学級とは何か

　学級づくりをする，とは，何をすることなのだろうか。

　「学級（Schulklasse; class）とは一般的に，学校での授業のために編制された，一定程度の持続性をもつ生徒の集団であり，学校の基本的な組織単位である」[*2]というように，学級は，教授と学習のために組織される基礎的な単位である。学校生活を送るにあたって，基本的に子どもたちは学級に振り分けられる。

　このように言うと，学級は授業のための容れ物として捉えられるかもしれないが，そうではない。子どもたちは授業のみならず学校生活の大半の時間を学級で過ごす。学級で過ごすことによって，子どもたち相互の関わりが生まれる。そのことを通して，お互いのことを考えたり，友だちと自分とのちがいを考えたり，自分自身について考えたりする。こうした，人間として生きていくうえで学ぶ価値のある営みを支える場としての意味が，学級にはある。

　このように，教授の組織としての学級に対して，生活の組織として学級を捉え直し，学びの場としてのみならず生活の場としての学級がもつ機能に着目し

＊1　川上康則『教室マルトリートメント』東洋館出版社，2022 年，20–21 頁。
＊2　熊井将太「授業の成立にとって学級とは何か」深澤広明・吉田成章（編著）『学習集団づくりが育てる「学びに向かう力」——授業づくりと学級づくりの一体的改革（学習集団研究の現在 Vol.3）』溪水社，2020 年，14 頁。

て，学級の子どもたちをいかに生活の主体として育てていくかを構想し，実践するのが学級づくりである[*3]。

　子どもの周りには学級の他にもいくつもの集団が存在する。班，当番，係，委員会，児童会，生徒，クラブ活動，部活動，サークル，同好会，学級内クラブ，仲よしグループなど。フォーマルなものもあれば，インフォーマルなものもある。子どもたちは，こうした多様な集団の複数に同時に参加したり，時には行き交ったりしながら，日々の学校生活を送っている。

　多くの場合，その学級に所属していることに，子どもたちの側になんらかの理由があるわけではない。たまたまその地域で過ごしている同年齢の子どもたちが指定された学校に集まり，学級に分けられているだけ，ともいえる。その点でいえば，学級を基盤とするいわれは必ずしも子どもたちの側にあるわけではない。だから，学級も，あくまで学校内に存在する集団の1つにすぎないと捉えることもできるし，学級に存在していることがひどくつらいという子どもを学級にとどめおくことに固執することが不適当である場合もある。

　とはいえ，学級を超えたインフォーマルな組織もあるものの，学校内に存在する多様な集団の多くは学級内組織（例えば，班や係）であったり，各学級に存在する学校内組織（児童会やクラブ活動の仲間など）であったりする。学級を，あくまで学校内に存在する集団の1つにすぎないと捉えた場合でも，子どもたちに，まずは配属された学級で安心して過ごしてほしいと願うことはごく自然なことだろう。学級には，まずは「居場所」すなわち「心と身体が安らぎ，くつろげ，自己の存在感やアイデンティティが得られる場所」となっていることが期待される[*4]。そのうえで，多様な関わりを通して生きていくことそのものを学ぶ機能を有しているのが学級である。

＊3　山岸知幸「学級」恒吉宏典・深澤広明（編著）『授業研究　重要用語 300 の基礎知識』明治図書出版，1999 年，91 頁。
＊4　藤原幸男「居場所」，同上，88 頁。

(2) 学級づくりとは何か

　それでは，学級をこうした性質をもつものとしてつくっていくにはどうしたらいいのだろうか。

　「集団づくり」は「多様な子どもたちやグループが，学級の枠にとらわれず，最大限に要求やそれにもとづく活動を発展させ，同時に，学級で必要な活動を行っていくために，学級のルールや組織をつくり変えながら，それを通じて，他者との関わり方のモラルを獲得していくプロセス[*5]」と捉えられている。藤井啓之は「これまでの学級集団づくりの理論もこのような発展の方向性を構想してはいたが，教師の指導を学級内に限定しないという意味も込めて，子ども集団づくりと呼ぶのである[*6]」と注意書きしているが，集団づくりが学級に限定されないとはいえ，学級づくりにも集団づくりにも，同様の意図があるとはいえるだろう。つまり，学級づくりとは，自分たちの生活について，自分たちで考えて，自分たちで決めて，自分たちで生きることを通して，そういったことができる態度や力を育む活動である。言い換えれば，学級づくりは，学校のなかの当該の集団において**民主主義**，すなわち「自分たちの問題を自分たちで解決しようとすること[*7]」を実現して，民主主義の担い手を育てる営みである。

　ここで断っておかなければならないことは，学級づくりが実現しようとしている民主主義は，既存の民主主義を踏襲させることではなくて，再構成することである。つまり，大人たちが望む「民主主義」の形通りに集団のなかで過ごすことに焦点が当てられているのではなくて，子どもたちが自分たちなりに民主主義を追究していく営みだということである。

　以上のことをふまえれば，学級づくりのゴールは，学級を静かで落ち着いている状態にすることではない。ある局面で，静かに落ち着いてお互いの声に耳を傾けることは必要ではあるだろうが，静かで落ち着いているという状態でもっ

＊5　藤井啓之「子ども集団づくりと生活指導」山本敏郎・藤井啓之・高橋英児・福田敦志『新しい時代の生活指導』有斐閣，2014年，176頁。
＊6　同上。
＊7　宇野重規『知識ゼロからわかる！　そもそも民主主義ってなんですか？』東京新聞，2022年，7頁。

て学級づくりの完成と見ることはできない。学級づくりに込められた願いは，子どもを民主的な社会の主体として育てることである。学校，なかでも，まずは学級を民主的な場としてつくっていく必要がある。

■ 2．学級づくりに関わる適応主義の問題を乗り越える視点

　では，民主主義を実現するものとしての学級づくりをどのように具体化していったらよいのだろうか。学級づくり，すなわち，学級における民主主義を実現するために，2つの局面を想定してみたい。1つは生活における学級づくり，もう1つは授業における学級づくりである。ここでは，それぞれの局面における現状の課題を整理する。

(1)　生活における「毅然とした指導」に内在する適応主義の問題

　子どもの生活に関わる指導をめぐって，「毅然（とした指導）」や「してはいけないことはしてはいけない」という言葉をしばしば耳にする。例えば，2010年3月にまとめられた「生徒指導提要」において「学校においては日常の問題行動からしっかりと注意するなど，その行為の意味やそれがもたらす結果や責任などを理解させる毅然とした指導が大切です」（150頁）というように。2022年12月に改訂された改訂版の「生徒指導提要」では，この「毅然」という言葉はほとんど使われていないものの，この言葉に象徴されるような，以下で示す課題は，生活に関わる指導をするにあたって，今なお潜在的にあり得るものとして考えておくべきだろう。

　「してはいけないことはしてはいけない」という考え方や，それに類する「毅然とした指導」は，ゼロ・トレランスという考え方と親和性の高い言葉である。ゼロ・トレランスとは，寛容さ（トレランス）がゼロ，すなわち，寛容さをもたない指導のことを指す。それは，子どもの行動の事情に寛容さ（聞く耳）をもたない指導である。上述の「生徒指導提要」からの引用部分も同様で，「問題行動」とみなされる行動は，その行動の背景にどのような事情があろうとも，ひ

とまず注意の対象でしかない。

　例えば教室の後方に配置された子どもが，集中できずに立ち歩く，周りの子どもをのぞき込む，話しかける，わめきたてるという光景について考えてみよう。こうした行動は，見方によれば，学級の規律を乱す問題行動に見えるかもしれない。しかし，その子どもが実は視力が低く，黒板の文字が見えないために，授業に集中できなかったり，他の子どもの作業を確認したりしているとすればどうだろうか。視力の低い子どもを板書が見えやすいように教室の前方の席に配置することは，学校で日常的に見られる合理的配慮である。そうした教師による合理的配慮が欠如した結果，こうした問題行動と見られる行動が生み出されていたとしたら，それを注意の対象としてよいのだろうか。

　子どもの行動を注意の対象とするだけでは，それは大人のもっている枠組みを省みることなく大人の求める行動をするように子どもたちを従わせているだけであり，子どもの納得を伴った，自分で自律的に行動できるような子どもの育成につながっているとは言いがたい。[*8]「生徒指導提要」が掲げる子どもに身につけたい「自己指導能力」は，「深い自己理解」に基づくべきものとされているが，子ども自身が「なぜそのような問題行動を起こしたのか」ということに向き合うことなく，深く自己理解することは難しいだろう。そうした自己理解を促すためには，「なぜそのような問題行動を起こしたのか」ということに教師もともに向き合い，子どもの自己理解に伴走することが必要になる。

(2) 学級活動（授業）における適応主義の問題

　学校の教育課程において，子どもの生活に関わる指導を行う領域として**特別活動**がある。そのなかでも**学級活動**は，授業において学校や学級での生活を省みる重要な領域である。ただし，今日の学級活動においては「自己の課題の解

---

*8　生徒指導とは異なる意味合いを含みもつ用語として生活指導という言葉が用いられてきた。詳細については，橋迫（2010）を参照のこと。
　　橋迫和幸「生活指導と生徒指導」日本生活指導学会（編著），竹内常一（編集代表）『生活指導事典──生活指導・対人援助に関わる人のために』エイデル研究所，2010年，78頁。

決及び将来の生き方を描くために意思決定」することに主眼が置かれていて，個人による問題解決が中心に位置づけられていることには注意したい。

　個人による問題解決が中心となっていることは，実践に目を向けると，より顕著に表れている。学級活動においては「つかむ」「さぐる」「みつける」「きめる」というプロセスが推奨されている[*9]。これは「個人目標の意思決定」，すなわち個人が「これから頑張ること」を決めることを授業のゴールとする形で構想されており，社会への個人の適応を志向している。制度，システム，ルールの改廃を想定しないので課題解決の目を社会に向ける視点が育たない。

　このことの何が問題であるのか。近年刊行された特別活動の児童用教材を手がかりに具体的に検討してみよう。例えば，「ストレスとの上手なつきあい方」の実践は，次のような手順で授業が構想されている。

　　ステップ1　（中略）「やる気」と「ストレスレベル」によって，自分の心や体にどのような変化があるかを考えましょう。
　　ステップ2　ストレスが強すぎるときに，ストレスをどのように解消しているかを，班になって話し合いましょう。
　　ステップ3　目を閉じて，いすにゆったり座り，全身の力をぬいて，呼吸を深く大きくします。やってみて，どのような気持ちになるかを考えましょう。
　　ステップ4　これからストレスと上手に付き合うためにはどうしたらよいかを班で話し合って，発表しましょう。[*10]

　以上のステップにおいては，ストレスを受け止めたうえで，ストレスをいかにいなすか，自分のなかでいかに解消させるかという個人内解決しか見通され

＊9　文部科学省・国立教育政策研究所教育課程研究センター『みんなで，よりよい学級・学校生活をつくる特別活動（小学校編）：特別活動指導資料』文溪堂，2019年，14–15頁。
＊10　杉田洋（監修）『楽しい学校生活　6年』文溪堂，2021年，24–25頁。

ていない。「ストレスと上手に付き合う」方法に，ストレスの発生源（ストレッサー）に働きかけるという視点がない。他者や社会など自分の外側に働きかけることが想定されていない。自身にとってのストレッサーは何か，そのストレッサーはなぜストレッサーであるのか，というような前提の問い直しがない。

　個人の課題を個人で解決しようとすることが問題なのではない。個人の課題を個人でしか解決しようとしないことが問題なのである。個人の課題には，当該の個人以外の周り，環境，社会，仕組みが協力したり，変容したりすることによって解決するものもある。個人の努力だけで解決するよりもよりよく解決することもあるし，個人の努力だけでは解決せず，周りによってしか解決しないものもあるだろう。ストレッサーを変えてしまえば，ストレスを受けなくて済むのに，その可能性を模索せず，個人でのストレスの受け流し方だけを学ばせていてよいのだろうか。「自己の内側に目を向けて『一員』としての分をわきまえた『態度』や『生き方』が前面にでているあたりに，今後も検討すべき課題があるといえる」[*11]という特別活動に対する懸念は今日にも当てはまるだろう。

　民主主義は，社会への個人の一方的な適応を求めるものではない。「自分の手の届く範囲で，ぜひ社会や地域のあり方に関心をもってみてください。自分がいる場所の問題をどのように解決するか，自分や自分のまわりのことについて考え，取り組むことが大切です」，「まずは何か困っていることがあれば，それを自分だけの問題だと思わず，社会問題だと考えてみましょう[*12]」というように，自分や自分の周りの問題を社会の問題として捉える視点が必要なのである。

＊11　折出健二「特別活動の位置とその教育的意義」折出健二（編著）『特別活動（教師教育テキストシリーズ12）』学文社，2008 年，21–22 頁。
＊12　宇野，同前掲，137 頁。

■ 3.　学級づくりをする

（1）多様性を認め合い，自分たちのことを自分たちで決める学級づくり

　ここでは，原田真知子の実践を取り上げたい。「誰とも一緒になれない」達也のほか，落ち着いて教室に座っていられない子どもたちと向き合った実践である。ここでは，達也へのアプローチに焦点化して取り上げる。達也には，突飛な行動が目立つ。「いつもはだしで，校庭や町中を走り回り，次から次へと悪さをする。たまたま見かけて注意すると悪態をつく。町の人に叱られたりしても同じこと」[13]というように。歴代の担任教師の手に余る存在であるばかりか，同級生たちにとっても達也は悪い意味で特別な，関わりたくない存在として見られているようだ。

　原田の実践は，「・達也の言動が何を意味するのか，それを子どもたちに知らせ，実は心根のやさしい達也の本当の姿（それは自分たちと変わらない）を子どもたちに見せること。／・達也の遊び仲間を獲得させること。／・達也の学習要求を引き出し，達也の参加によってより深まる学習をつくり出すこと。／・いやなことは『やめて』と互いに要求しあったり，解決に向けて話し合ったりすることによって自分たちの生活を向上させていくことを体験させること」[14]といった課題を見出して，この課題を子どもたちとともに乗り越えていく取り組みである。

（2）教師と子どもがつながり，子どもと子どもをつなげる，子どもと子どもがつながる

　原田の実践は，第一に，教師と子どもがつながる，第二に，子どもと子どもをつなげる，第三に，子どもと子どもがつながる実践として捉えられる。

　第一に，原田自身が，達也の行動と向き合い，その「わけ」を理解しようと

＊13　原田真知子『「いろんな人がいる」が当たり前の教室に』高文研，2021年，216頁。
＊14　同上，223頁。

した。達也が授業中に品のない言葉を発言したときに、頭ごなしに「そんなことを言ってはいけない」などとは言わない。なぜそんなことを言うのか、「わけ」を確認する。そうして「みんな笑うと思った」という達也なりの「わけ」を引き出している。達也のなかにあるのは、場を乱したいという悪気ではなくて、みんなを笑わせたいという達也なりの「よさ」ですらある。このように、教師自身が子どもと向き合い、子どもの言動の背後にあるものを見つめ、共感的に理解して、子どもとつながっている。

第二に、達也なりの「よさ」を子どもたちと共有して、子どもたちの達也に対する見方をゆさぶっている。上述の「みんな笑うと思った」という原田と達也のやり取りは子どもたちの前で行われている。一方で、他の子どもたちが「みんな笑うと思った」という達也の「よさ」に触れながら、他方で、そのような方向では笑えないということを、他の子どもたちとのやり取りのなかで達也が理解する。教師が積極的に子どもの「よさ」を見出して、それを子どもたちと共有することで、子どもたちをつなげている。

第三に、次の場面に見られるように、次第に子どもたち同士がつながり始める。

> 休み時間や放課後に友だちと遊ぶようになった達也は、少しずつ授業にも参加するようになってきた。国語の時間は、登場人物の気持ちについて大いに飛躍し逸脱しながらも想像をめぐらせた。ふだんも作り話ばかりしている（その裏には感心されたい、おもしろがられたいなどの要求がある）ということを知りはじめた子どもたちは、達也が発言しはじめると「達也ワールドだぁ」とそれなりに受け止めながらも反論していった。「達也ワールド」に反論することで、子どもたちの読み取りと討論のちからは鍛えられた。「達也のおかげでおもしろい話し合いができたね」と言うと、達也はうれしそうに椅子の上に立ち上がってみせた。[15]

---

*15 同前、225–226頁。

　このように生活でのつながりは授業でのつながりにもなる。教師は「達也の
おかげ」と言って「達也ワールド」のよさを積極的に価値づけている。

　子どもたち一人ひとりがつながり，互いを認め合うことができてくれば，互
いを擁護し合うだけにはとどまらない関係になってくる。原田の実践でもそう
いった場面が見られる。

　　　いっしょに遊ぶようになればトラブルも増える。帰りの会では「達也に
　　言いたいこと」が次々に出されるようになった。達也はそのたびに神妙に
　　「ごめんね」と言う。達也にしてみれば，（中略）「言われて初めて気づくこ
　　と」ばかりなのだ。そのあまりの神妙さに，周囲は「しょうがないなあ」
　　となぜか温かい空気になる。[*16]

　ここで気をつけておきたいのは，認め合うことができるから要求するように
なるというような段階的な捉え方は必ずしもあたらない，ということだ。互い
に要求し合って，対立や矛盾を色々な形で乗り越えるから，認め合うことがで
きるということもある。ゆるやかに段階的でありながら双方向的な関係として
捉えることが重要である。

　こうして，教師と子どもたち，そして子どもたち同士とがつながりあう学級
になっていくのだろう。

(3) 学級づくりの方法としての班・リーダー・話し合い

　これまで学級づくりの具体的な方法の典型として，**班**づくり，**リーダー**指導，
話し合いの指導が大切にされてきた。必ずしもこれしかないというわけではな
いし，その実態も多様にあり得るのだが，原田の実践に即しながら，これらの
具体的な意義を探ってみよう。次のような場面がある。

---

*16　同前，226頁。

達也は，班をつくる話を始めたときからそわそわしはじめていた。誰ともいっしょになれないということを知っているのだ。みんなが動きはじめると机の下にもぐって動かなくなった。

　「そんなとこにいたら忘れられちゃうよ」

　と言った瞬間，私ははっとして胸が熱くなった。忘れられちゃうほうがずっといい，誰にも誘われないよりずっといい，という達也の心の声を聞いたような気がしたのだ。

　「オラ誰ともいっしょにならないもーん」

　力のないその声を聞いて広弥が気づき，机をのぞきこんで，「達也，いっしょになろう」と言った。その前の休み時間に遊びながら班づくりの話をしたとき，達也といっしょになってもいい，と言ったのは前学年で違うクラスだった広弥だけで，広弥はそのつもりになってくれていたのだ。声をかけられた達也は，「えーなんでだよー。しょうがないなぁ」と言いながらも，うれしさを全身で表していた。[17]

　教師とつながるだけでは，学級は子どもの居場所にはならない。自分にとっての安心で安全な空間が小さな規模で必要である。その居場所になり得るものが班である。班ではなくても，仲よしグループでもいいし，学級内クラブでもいいし，係活動でもいい。学級で実現したい民主的な空間を，より小さな規模で保障する集団が必要になる。今ある，無自覚につくっている小さな集団には，こうした意味を付与できる，と捉えてもよいだろう。

　この場面で登場する広弥のように，班などの小さな集団を組織するにあたって，積極的に仲間の思いや声に耳を傾けたり，トラブルの解決に取り組んだりする子どもの存在は重要である。こうしたリーダーやそれを支えるフォロワーは，すでにいる場合もあるし，だんだんと育ってくる場合もある。リーダーシップやフォロワーシップを発揮する場は多様に存在し得る。授業や学級会で活躍

---

*17　同前，221–222 頁。

している子だけがリーダーであるわけではない。生き物博士がいたり，ゲーム名人がいたりする。よく発言をする子もいれば，おとなしい子もいる。まずはすでにいるリーダーやフォロワーに託しながら，そこに向かって育とうとしている子どもたちに新たに出番や役割をつくることも必要になるだろう。

　以上のように，多様な集団と多様な人間関係を介しながら，自分たちのことを自分たちで決める話し合いを組織していくことが重要である。では，話し合いの指導はどのように行えばよいのだろうか。話し合いをつくる際の課題として，竹内常一は以下の3点を挙げている。

　　いま必要とされている討議づくりの課題は，第一に，理性的な根拠のない権力的，管理的なルールに子どもたちを無批判に従属させることではなく，子どもたちが「自分の不利益には黙っていない」という自由を行使することをつうじて自分たちが要求し，必要としている活動を実現するように励ますことである。（中略）

　　第二は，子どもたちに課されている活動や子どもたちが企画する活動に取り組む際に，それを効率的，事務的に処理する討議・決定にとどまるのではなくて，その討議・決定を規範的ルールの探求に開いていくことである。（中略）

　　第三は，子どもたちが自分たちの活動の目標・ルールを審議する際，子どもたちによって生きられている生活現実に結び付けて論議するだけではなく，子どもたちの発達に応じてではあるが，「自由」「平等」「正義」などの規範的な価値を問うと同時にそれらに照らして物事を討議・決定する力量を育てていくことである。[*18]

　第一に，子どもたちが自分たちの不利益には黙っていないことを重んじ，子

＊18　竹内常一「生活指導におけるケアと自治」竹内常一・折出健二（編著）『生活指導とは何か（シリーズ教師のしごと第1巻）』高文研，2015年，103–104頁。

どもたちにとって必要な活動を実現するよう励ますということである。第二に，効率よく処理することだけを志向するのではなくて，ホンネを掘り起こしながら，新たに規範的なルールをつくり直す方向での検討も志向することである。第三に，これらを通して，規範的な価値を問い直し，そのあらたな規範的な価値に照らして話し合い，決定するように育てていこうとすることである。

　いつもやんちゃな子が「先生，うちのクラスでも亀を飼ってみたい」などと願いを言ってきたとき，どう対応しているだろうか。教師が自分の頭のなかだけで考えて，「子どもたちには大変そうだからやめておこう」「他のクラスと異なることを認めると足並みがそろわないからやめておこう」というように，どうするかをすべて決めてしまっていないだろうか。「じゃあ，あなたが亀クラブのリーダーとして仲間を集めて，どうやったらうまく飼えるか仲間と考えて，提案してみて」と言ってみて，実現に向けた課題をともに克服していくことはできないだろうか。それが，第一に，自分たちに必要な活動の実現を励ますということであるだろう。第二に，「子どもたちに大変なことをさせると結局大人や子どもが大変な思いをすることになるから子どもたちにはさせないでおこう」という大人の側の規範的なルールのつくり直しを志向することだろう。第三に，こうした営みこそが子どもたちに「自由」を考えさせることにもなり，他のクラスとの足並みという「平等」観を問い直すことにもなり得る。

　端的にいえば，「おかしい」「ずるい」「いやだ」「やりたい」から「そのために先生なんとかして」と言うだけではなくて，「では，おかしくないように，ずるくないように，いやじゃないための新しいきまりを，やり方を，自分たちで考えよう」とすることを促すような営みである。

■ 4. 教師や学校に求められる構え

　これまで述べてきたような，自分たちのことを自分たちで決めることが実現できるように学級づくりをしていくために教師に求められるものはなんだろうか。最後に，あらためて整理しておきたい。

　第一に，子どもが荒れたとき，大人と対立したとき，それを問題行動として捉えるのではなくて，「無意識的な『異議申し立て[19]』」として理解していく必要があるだろう。それらは，発達に必要なものである。だから，対立，葛藤，荒れは，「あってはいけないもの」「決して見せてはならないもの」ではなくて，「乗り越えていければいいもの」である。対立，葛藤，荒れを「あってはいけないもの」とみなして，起こらないようにする，起こっていないものとするのではなくて，「あって当然。さぁどうやって乗り越えようか」と捉えていくことはできないだろうか。子どもたちが揺らぐ余地を学校や学級に認めていきたい。

　第二に，「子どもと共に生きる教師」として，子どもの声から絶えず自己変革を意識することが重要だろう[20]。教師は，絶対的に正しいもの，でなくてよい。むしろ，絶対的に正しいものでないほうがよいかもしれない。多様な子どもの目線から，自分や自分から見える世界を絶えず問い返していくことこそが教師に求められている。そうした教師の構えを認められる学校でなければならない。

　第三に，こうした営みを支える，学校における余白の大切さを考えてみたい。伊藤亜紗は，「うつわ」的利他という表現を用いながら，他者の主体性と向き合うことに関して，次のように述べている。

　　どうしても私たちは「予測できる」という前提で相手と関わってしまいがちです。「思い」が「支配」になりやすいのです。利他的な行動をとるときには，とくにそのことに気をつける必要があります。（中略）そのためにできることは，相手の言葉や反応に対して，真摯に耳を傾け，「聞く」こと以外にないでしょう[21]。

---

[19] 楠凡之「現代の子どもの抱える生きづらさと生活指導——個人指導と関係性の指導に焦点をあてて」，同前，27頁。

[20] 同上，22頁。

[21] 伊藤亜紗「『うつわ』的利他——ケアの現場から」伊藤亜紗（編著）『「利他」とは何か』集英社，2021年，54頁。

それと同時に，大切なこととして，思い通りにいかないこと（計画倒れ）をどこか喜ぶ，相手の思いや主体を受け止める余白をつくっておく，といったことを挙げている。

　大人の側が想定する授業のプロセスやフォーマットは大事ではあるが，それを絶対的なものとして据えないことが大事だろう。みんなの意見を取り入れながら，みんなが納得するような議論は，予定通り，簡単に，キレイには終わらない。思い通りにはいかないものである。そうした一筋縄ではいかない議論が展開する余白をもって子どもたちと向き合っていくことが必要なのだろう。

▶▶▶Book Guide

原田真知子『「いろんな人がいる」が当たり前の教室に』高文研，2021 年。
多様な子どもたちと学級や授業のなかで向き合ってきた実践家の数々の実践記録とその思想に触れることができる一冊。

大和久勝・丹野清彦『はじめての学級づくりシリーズ』（1～5 巻），クリエイツかもがわ，2014～2018 年。
班，リーダー，話し合いを中心にした学級づくりのシリーズ本。班，リーダー，話し合い，それぞれの組織について理論と実践が展開されている。

山本敏郎・藤井啓之・高橋英児・福田敦志『新しい時代の生活指導』有斐閣，2014 年。
生活指導の歴史，理論，実践が一冊にまとめられたテキスト。

▶▶▶Key Word

学級／民主主義／特別活動／学級活動／班／リーダー／話し合い

索　引

《執筆者紹介》

髙木 啓（たかき　あきら）　まえがき，第 3 章，第 4 章
編著者紹介欄参照。

熊井将太（くまい　しょうた）　第 1 章，第 2 章，第 5 章，第 6 章第 4〜5 節
編著者紹介欄参照。

山岸知幸（やまぎし　ともゆき）　第 1 章
香川大学　教授。
主著　『新中等教育原理 ［改訂版］』（共著）福村出版，2019 年。
　　　『新しい時代の教育の方法』（共著）ミネルヴァ書房，2012 年。

北川剛司（きたがわ　たけし）　第 6 章第 1〜3 節
奈良教育大学　准教授。
主著　『子どもとつくる教育方法の展開』（共著）ミネルヴァ書房，2021 年。
　　　『教育方法と技術・教育課程』（共著）協同出版，2021 年。

吉田茂孝（よしだ　しげたか）　第 7 章
大阪教育大学　准教授。
主著　『インクルーシブ教育時代の授業における集団の指導——授業づくり，学級づ
　　　くり，学校づくりの視点』（単著）福村出版，2023 年。
　　　『よくわかるインクルーシブ教育』（共編著）ミネルヴァ書房，2019 年。

樋口裕介（ひぐち　ゆうすけ）　第 8 章，第 9 章
福岡教育大学　准教授。
主著　『PISA 後のドイツにおける学力向上政策と教育方法改革』（共著）八千代出版，
　　　2019 年。
　　　『学習集団づくりが描く「学びの地図」』（共著）溪水社，2018 年。

《編著者紹介》

髙木 啓（たかき　あきら）
千葉大学　准教授。
主著　『学習集団づくりが育てる「学びに向かう力」──授業づくりと学級づくりの
　　　一体的改革』（共著）渓水社，2020 年。
　　　『教育の方法と技術』（共著）ミネルヴァ書房，2019 年。

熊井将太（くまい　しょうた）
安田女子大学　准教授。
主著　『「エビデンスに基づく教育」の閾を探る──教育学における規範と事実をめ
　　　ぐって』（共編著）春風社，2019 年。
　　　『学級の教授学説史──近代における学級教授の成立と展開』（単著）渓水社，
　　　2017 年。

授業実践コンピテンシーを育む
教育方法論

2025 年 2 月 20 日　初版第 1 刷発行

編 著 者	髙 木　　啓 熊 井 将 太
発 行 所	㈱北 大 路 書 房

〒603-8303　京都市北区紫野十二坊町 12-8
電話代表　　（075）431-0361
Ｆ Ａ Ｘ　　（075）431-9393
振替口座　　01050-4-2083

ⓒ 2025

Printed in Japan
ISBN978-4-7628-3274-1

装丁／こゆるぎデザイン
印刷・製本／共同印刷工業（株）
落丁・乱丁本はお取り替えいたします。
定価はカバーに表示してあります。